博雅撷英

The Present Past
现在的过去
给考古学家的人类学指南

An Introduction to
Anthropology for Archaeologists

〔英〕伊恩·霍德(Ian Hodder) 著   徐坚 译

著作权合同登记号:01-2015-1468

图书在版编目(CIP)数据

现在的过去:给考古学家的人类学指南/(英)伊恩·霍德著;徐坚译.—北京:北京大学出版社,2020.5
ISBN 978-7-301-31031-1

I.①现… II.①伊…②徐… III.①考古学②人类学 IV.①K851②Q98

中国版本图书馆CIP数据核字(2019)第295056号

The Present Past by Ian Hodder
Copyright © Ian Hodder, 1982, 2012. All Rights Reserved.

书　　　名	现在的过去:给考古学家的人类学指南
	XIANZAI DE GUOQU: GEI KAOGUXUEJIA DE RENLEIXUE ZHINAN
著作责任者	[英]伊恩·霍德(Ian Hodder)　著　徐　坚　译
责任编辑	张　晗
标准书号	ISBN 978-7-301-31031-1
出版发行	北京大学出版社
地　　　址	北京市海淀区成府路205号　100871
网　　　址	http://www.pup.cn　新浪微博:@北京大学出版社
电子信箱	pkuwsz@126.com
电　　　话	邮购部 010-62752015　发行部 010-62750672
	编辑部 010-62767315
印　刷　者	北京中科印刷有限公司
经　销　者	新华书店
	890毫米×1240毫米　32开本　8.25印张　170千字
	2020年5月第1版　2021年6月第2次印刷
定　　　价	48.00元

未经许可,不得以任何方式复制或抄袭本书之部分或全部内容。
版权所有,侵权必究
举报电话:010-62752024　电子信箱:fd@pup.pku.edu.cn
图书如有印装质量问题,请与出版部联系,电话:010-62756370

目 录

导　言　i

前　言　i

第一章　类比的应用　1
　　类比的问题　3
　　类比的合理运用　7
　　情　境　16
　　结　论　20

第二章　民族考古学　22
　　与考古学实验方法的关系　23
　　考古学中民族志类比的运用史　26
　　民族考古学田野方法　39

第三章　考古学记录的形成　48
　　后埋藏　48
　　埋　藏　56

结　论　69

第四章　技术和生产　71

形式类比　71

基于自然过程的关系类比　74

跨文化关系　83

关系类比和文化情境　88

结　论　92

第五章　生计策略　93

狩猎者和采集者　93

游牧民　106

农　民　109

骨骼和种子　114

结　论　117

第六章　社会组织　121

聚　落　121

墓　葬　144

交　换　153

社会复杂化层级　159

结　论　166

第七章　仪式　169

结　论　178

第八章　艺术、装饰和风格　180

　　艺　术　180

　　装　饰　190

　　风　格　199

　　结　论　204

第九章　端详我们自身　205

第十章　结论：考古人类学　222

　　阐释过去　222

　　物质文化理论　225

致　谢　231

参考文献　233

插图目录

图 1. 考古学和民族志石斧　2

图 2. 柱洞圈和圆形房屋　4

图 3. 四柱布局的谷仓说　8

图 4. 计算机模拟、实验考古学和民族考古学关系的若干侧面　24

图 5. 美国东南印第安人的葬仪　32

图 6. 鲍威尔少校咨询印第安人　34

图 7. 肯尼亚巴林戈地区倒塌的窝棚　49

图 8. 赞比亚西部姆邦达人（Mbunda）村落中拔除立柱　50

图 9. 加纳土坯泥墙的颓坏　51

图 10. 赞比亚西部村落中不同堆积阶段的坑洞　52

图 11. 食腐动物和自然施动者造成的骨骼分布　54

图 12. 肯尼亚巴林戈地区一座废弃的窝棚内部　56

图 13. 赞比亚西部的残损陶罐　57

图 14. 英格兰东部的一处吉卜赛人营地　65

图 15. 麦萨金努巴人居址内部　68

图 16. 克拉克对木质箭镞的比较　72

图17. 赞比亚西部罗兹族群用于实现不同功能的不同类型箭镞 72

图18. 铁器时代器物"编织梳" 73

图19. 发梳 74

图20. 肯尼亚巴林戈地区尼杰普斯（Njemps）妇女制作陶罐的步骤 75-77

图21. 冶铁的民族志和考古学证据 78

图22. 石斧 80

图23. 肯尼亚巴林戈地区房屋建筑 82

图24. 肯尼亚巴林戈地区一座尼杰普斯平顶房屋 83

图25. 肯尼亚巴林戈地区的当代器物 86

图26. 肯尼亚巴林戈地区图根人（Tugen）的陶器、篮子、木碗和凳子 87

图27. 澳大利亚维克曼堪部落与季节性生活和居住相关的典型营地和房屋类型 100-101

图28. 维克曼堪的环境季节性利用假说 103

图29. 皮亚-帕拉纳长屋 119

图30. 采用方形立柱布局的不同建筑 123

图31. 赞比亚西部罗兹人村落边缘的谷仓位置 124

图32. 赞比亚西部罗兹人村落妇女生产的陶器 136

图33. 斯威士家园的象征维度 138

图34. 斯威士象征维度的图示总结 140

图35. 普韦布洛村庄 141

图 36. 木屋　142

图 37. 纳瓦霍人和普韦布洛人的房屋结构差异图示　143

图 38. 新几内亚高地不同地点出自不同采石场的石斧比例　155

图 39. 考古学家确认为"仪式"的器物和行为　170-171

图 40. 英格兰东部新石器时代带有堤坝的营地遗址　173

图 41. 与史前时代欧洲的酋邦和纪念性建筑类比的复活节岛　175

图 42. "巫师"　183

图 43. 阿里埃日省尼奥（Niaux, Ariège）旧石器时代遗址里黏土上雕刻的野牛　185

图 44. 对南非岩画的直接历史对比　188

图 45. 努巴装饰举例　195

图 46. 垃圾堆里玩耍的儿童　208

图 47. 约翰尼·罗滕（Johnny Rotten）　215

导 言
（2012）

自从1982年本书初版面世以来，民族考古学经历了一系列转型和迭代。对有些人来说，它与棘手的假设和伦理考量纠缠不清。为了与过去的社会进行比较而研究当代社会，看起来就是将当代社会放置在过去，使它们等同于"史前社会"。当然，这是16世纪以降的早期欧洲考古学家的策略，通过与美洲原住居民和其他在殖民主义、帝国主义扩张过程中遭遇的本土族群进行比较，认识"人类远古"。当前的后殖民主义批评使我们认识到，任何在古今之间画上等号的尝试背后都存在危险和不当预设。理解文化多样性需要深入的历史和情境研究。以此观之，任何比较古今的尝试都必须接受反思性检验，以便理解施加的预设，评估对现存社会的影响。以此推之，民族考古学就是困难重重、饱受质疑的探索，必须和谨慎的反思性评估（比如 Nicholas and Kramer 2001）以及对情境的全面理解结合起来。对"考古民族志"（比如 Meskell 2005）的呼求造成民族考古学的陡然逆转。民族志不应服务于殖民主义考古学，考古学和民族志之间需要重新达成平衡。

通过考古学研究增进对现代族群的理解变成关注焦点。考古民族志包括，在高度认同伦理原则的框架中，运用考古学和民族志技术，研究相互关联的现在和过去。

对于某些人而言，正是民族考古学的困难之处，导致古今之间、考古学和民族志之间的新型关系层出不穷。然而，对于其他人而言，则由于它允许跨文化表述，有助于更稳妥地理解过去，民族考古学才威力无穷。在遵循生态学和优化原则的通则性理论框架的方法中，这个潮流大行其道。因此，人类行为生态学成为理论资源富矿，可以建立起能在民族志情境中被"检验"的通则模型（比如 Bird and Bird 2000）。行为考古学也急切地寻找可以证实或者证伪通则性假设的民族志资料（Skibo 2009）。对现代技术的研究有助于拓展对技术性作业程式的理解（Stark 2003；Roux 2007；Beyries and Pétrequin 2001）。这些方法较少受到后殖民主义批判的诘难，依旧屹立于理解过去的探索之中。

我在书中提及的诸多冲突仍然见于晚近研究中，甚至更为尖锐。类比的运用依旧存在两种关系维度——特定情境的和普遍适用的。本书中，我试图在对社会和文化系统中的特定关系的褊狭式关注和对通则性生态或者技术制约的简化式关注之间，寻找出路。这种冲突也导致考古民族志和行为导向的民族考古学渐行渐远。

看起来，民族考古学与考古学中的行为或者生态方法结合得越来越密切。为了广泛地比较古今，我们不得不析离出文化的某些侧面（特别是经济或者技术侧面），提出通则性优化关系。当然，对于科学研究而言，复杂事务的简化和化约确有必要。但是，正如上文提及，危险在于当代社会的化石化——部分文化被隔离、排除在日常生活的动态复杂整体之外。为了在古今之间建立相互关系，当代复杂系统的某些部分被当成"传统的"、较少受到现代化进程影响的侧面隔离出来。

还有的方法关注物质文化卷入现代世界的复杂的互动网络。在一定程度上，20世纪80年代以来，人类学中物质文化研究的繁荣正是不满于民族考古学研究视野狭窄的结果。对现代物质文化的细致的情境研究包括了全面的民族志分析。大量研究，比如刊载于《物质文化研究杂志》（*Journal of Material Culture*）上的，就是在米勒（D. Miller）和提利（C. Tilley）的理论写作上发展而来的，他们最初都从事与民族考古学密切相关的物质文化研究（Miller 1987）。当前，这种研究深受盖尔（A. Gell）和英戈尔德（T. Ingold）等人类学家的影响，考古学家可以受益于涉及物质能动性、物质性和物化的种种理论视野（Miller 2005）。

因此，一方面，在那些对行为和生态情境中的社会—经济系统孤立特征进行跨文化比较的考古学家中，民族考古学的地位日渐提升。另一方面，在认同细致的情境分析和比较古今的伦理困难的考古学家和人类学家中，民族考古学转型成为或者被纳入考古民族志和物质文化研究。在一定程度上，两种潮流对当代考古学都有价值。生态方法和行为方法提供了生计和技术性制约的信息。知晓如何制作陶器，不同烹饪方法需要不同数量的燃料，对于阐释过去非常重要。但是，物质文化方法也有必要，这样，我们就可以阐释巧妙操控物质文化、实现社会目的的复杂方式。在训练批判性眼光，分析在制造过去的现在和现在的过去中提出的假设上，物质文化和考古民族志方法也同样重要。

推荐阅读

Adams, Ron L. 2005. "Ethnoarchaeology in Indonesia Illuminating the Ancient Past at Çatalhöyük?" *American Antiquity* 70（1）: 181-8.

Agrosah, E. Kofi. 1990. "Ethnoarchaeology: the Search for a Self-corrective Approach to the Study of Past Human Behaviour." *The African Archaeological Review* 8: 189-208.

Beyries, Sylvie and Pierre Pétrequin. 2001. *Ethno-Archaeology and its Transfers: Papers from a Session Held at the European Association of Archaeologists Fifth Annual Meeting in Bournemouth 1999*. Oxford: BAR International Series 983.

Bird, D. W. and R. Bliege Bird. 2000. "The Ethnoarchaeology of Juvenile Foragers: Shellfishing Strategies among Meriam Children." *Journal of Anthropological Archaeology* 19: 461-476.

David, Nicholas and Carol Kramer. 2001. *Ethnoarchaeology in Action*. Cambridge: Cambridge University Press.

Hayashida, Francis. 2008. "Ancient Beer and Modern Brewers: Ethnoarchaeological Observations of *Chicha* Production in Northern Peru." *Journal of Anthropological Archaeology* 27:

161-74.

Hudson, Jean. 2010. "Ethnoarchaeology in a Personal Context." *The SAA Archaeological Record* 10 (1): 8-11.

Meskell, Lynn. 2005. "Archaeological Ethnography. Conversations around Kruger National Park." *Archaeologies* 1 (1): 81-100.

Miller, D. 1987. *Material Culture and Mass Consumption*. Oxford: Blackwell.

Miller, D. (eds) 2005. *Materiality*. Durham: Duke University Press.

Roux, Valentine. 2007. "Ethnoarchaeology: A Non Historical Science of Reference Necessary for Interpreting the Past." *Journal of Archaeological Method and Theory* 14 (2): 153-78.

Skibo, James M. 2009. "Archaeological Theory and Snake-Oil Peddling." *Ethnoarchaeology* 1 (1): 27-56.

Stark, Miriam. 2003. "Current Issues in Ceramic Ethnoarchaeology." *Journal of Archaeological Research* 11 (3): 93-242.

Wylie, A. 1985. "The Reaction against Analogy." *Advances in Archaeological Method and Theory* 8: 63-111.

前　言

　　过去就是现在，因为，我们就是在与周围世界的类比基础之上，重建过去资料的意义的。本书的主旨就是更加全面地评估考古学家对民族志资料和人类学概念的运用。然而，我无意于巨细靡遗。考虑到涉及研究数量之多，我对能否完成都深感怀疑，即便可能，本书也更倾向于通过对代表性范例的研究，提出对考古学中类比的运用的批判性评估。本书的目的就是尽我所能地以通俗易懂的方式提出若干简单观点。

　　所有的考古学都基于类比，类比推理过程既明确又严谨。但是，正如常常宣称的那样，我们无法在严格意义上检验类比以及使用类比做出的假设。考古学家无法以孤立的材料证实或者证伪假设。他们所能做的无非是在理论层面或者材料相关性层面上，证明一种假设或者类比更好或者更糟。第一章就讨论了一系列支持或者批判考古学材料的类比的方法。

　　我们"选择"具有说服力的类比，至少部分取决于自身的预设观念。这一判断并不表明，理论不受材料影响，事实上，这是显而易见的。但是，它的确表明，我们对过去的知识建立在现在的基础之上，严谨而尽职的考古学家的任务就是缩小假设的范畴，获取批判性自我认知，特别是在考古学家挖掘的来自过去的物质文化的意识形态上。作为人类文化的通则性科学，考古人类学关注现代西方社会和传统非工业社会的物质文化，志在通过阐释这些资料，更好地了解我们自身，更准确地重建过去。

我希望，作为术语，"现在的过去"也可指当代观念下考古学的角色。这个学科并不是通过关注过去和历时性变迁得到界定的，因为这也是历史学家的领域。相反，由于以物质文化为核心，它与众不同。作为考古学家、社会成员和过去的书写者，我们的目标就是获得与物质文化相关的批判性自我意识。这样的研究规划才不会将我们的方法和目标混为一谈。基于对寻找社会变迁法则的进化主义方法的不满，这种研究规划有助于确认考古学的新目标。

第一章 类比的应用

当考古学家从地下掘出一件东西,说"这是一件斧头"时,他是怎么知道的?他可能将器物出土的遗址的年代推定到最早的书写记录出现之前数千年,他如何知道这是一件斧头呢?答案是,他的确不知道。他能做的不过是合理猜测。他手中来自过去的器物看起来像是他自己或者其他当代社会的斧头。19世纪前期,丹麦科学家隆德(P. W. Lund)从巴西送回磨制石斧,希望与丹麦古物进行比较(图1a)。这支持了诸如尼尔森(S. Nilsson)等早期斯堪的纳维亚考古学家的想法,当地地下出土的类似器物的确是"原始"石斧。广泛见于欧洲的磨制石器(图1b)都形似石斧,有锋利边刃;基于和现代器物的类比,它们被称为石斧。

为了支持斧头的阐释,考古学家可能需要用显微镜观察器物的边缘,看是否有砍斫痕迹;他可能进行实验,看是否可以用这种器物砍倒树木;他也可以做器物出土的史前遗址环境的孢粉分析,确定当地确有树木可供砍伐。但是,所有这些辅助研究只是用来加强或者削弱最初的类比的。

考古学家提出对过去的其他阐释几乎皆是如此。他难以直接

2 现在的过去

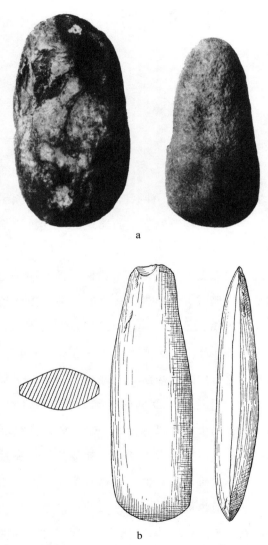

图 1. 考古学和民族志石斧 a 隆德自巴西送到哥本哈根皇家北方古物学会的磨制石斧（Klindt-Jensen 1976）；b 英格兰剑桥郡新石器时代石斧。

阐明史前器物的用途。他需要运用类比进行猜测。因此，当他发现地面上的一圈柱洞，说"这是房子"时，他就受到众多非洲人或者美洲印第安人居住的现代圆形房屋的证据的影响（图2）。

对于考古学家而言，此类阐释显而易见，他可能全然没有意识到在使用类比。将一件器物描述为斧头、别针、匕首、剑、盾或者头盔无需专业知识。一圈柱洞意味着房屋的想法已经深深地根植于考古学教学之中，考古学家从不质疑这个观念的民族志渊源。民族志类比的其他运用则可能更有意识而谨慎。当尝试从考古学证据碎片复原史前社会关系的组织、交换、墓葬仪式和意识形态时，考古学家会在非洲、亚洲和美洲的现存传统社会或者欧洲历史上的传统社会中寻找适宜的类比。

因此，在几乎所有对过去的阐释中，考古学家都要借助对自身和其他当代社会的知识，以鲜活、有效和能动的人类血肉填充过去遗存的骨架。提出类比在考古学推理中发挥了核心功能。但是，最近，因为类比被认为不可靠、不科学和有局限，很多考古学家试图避而不用。何以至此呢？

类比的问题

通过类比阐释过去被认为不可靠的原因是，现在和过去的器物、社会在某些方面相似，并不必然意味着其他方面也相似。我们可以以格兰汉姆·克拉克（Grahame Clark）在英格兰约克郡的斯塔卡尔（Star Carr）中石器时代遗址复原古代生活为例，说明这种困

4 现在的过去

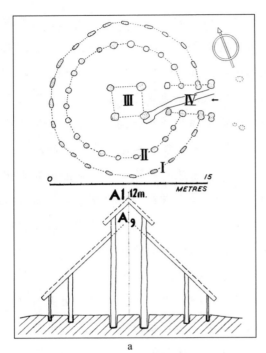

图 2. 柱洞圈和圆形房屋 a 英格兰小伍德伯里铁器时代遗址所见柱洞圈，复制于 Bersu 1940；b 肯尼亚现代圆形房屋。

难（Clark 1954）。通过与北美和格陵兰岛狩猎人群的类比，克拉克（Clark 1954：10-12）提出，该遗址的皮毛加工是女性活动的证据。在卡里布（Caribou）爱斯基摩人中，主要由女性负责剥制和加工皮毛，克拉克假定，约克郡的中石器时代狩猎—采集人群也是如此。基于女性的出现，克拉克进一步提出斯塔卡尔遗址的人口承载量，以及劳动分工形式。斯塔卡尔居民和爱斯基摩人在环境、技术和狩猎—采集经济上仅仅含糊而宽泛地大体相当。某些领域的一般性近似足以让我们推测其他领域的关联吗？经济和环境大体相同是不足以推断现代爱斯基摩人和公元前 7200 年斯塔卡尔的皮毛加工由同一性别承担的。克拉克的阐释看起来很不可靠。

在斯塔卡尔个案中，克拉克采用了决定论式"均变论"；他假定，某些方面近似的社会和文化在整体上也是近似的。这种观点并不可信，尤其是考虑到比较跨越的巨大年代间隔和当代文化形态的显著多样性。克拉克碰巧使用了北美爱斯基摩人，但他完全也可以选择男性加工皮毛的其他社会。

如果类比不可靠，它们必然也不科学。论证也是如此。近期，众多考古学家暗示，我们可能无法检验或者证明类比，因为我们可以随时找到同样适用于过去的资料的替代类比。由于某些侧面的近似并不必然、当然或者符合逻辑地表明其他领域的近似，我们永无可能证明克拉克对斯塔卡尔的阐释。这种考古学阐释看起来像是主观性的故事写作，纯属毫无科学基础的猜测。

在解释为什么不可信和反科学的指控仅仅针对类比的误用之

前，我们需要反思一种指责，就是类比推理限制和束缚了我们关于过去的知识。有观点认为，如果我们通过与现在的类比阐释过去，就无法发现不见于当今的社会和文化形式，这貌似合乎逻辑（Dalton 1981）。我们的阐释被局限在对当今社会的知识中。因为无论是工业社会，还是非工业社会，它们都只是相互关联的经济、社会和文化适应的高度特殊的组合，并不足以代表过去存在的所有社会形式。因此，我们无法理解史前社会的全貌。无论怎样，将标签贴在过去的社会上，重复我们对当代社会的认知，有何意义可言？

对考古学中运用类比的种种批评导致某些否定考古学阐释的类比推理的极端言论。弗里曼宣称"当今阐释考古学证据的模型中，最严重的失误跟它们结合了与现代族群的众多类比直接相关"（Freeman 1968：262）。尽管很少考古学家和弗里曼一样极端，但是类比的运用应该有所约束已成共识。艾柯指出运用类比阐释过去的墓葬实践的可能陷阱（Ucko 1969），宾福德指出，如果不结合严谨、科学的测试过程，类比推理就价值甚微（Binford 1967）。特灵汉也提出，我们应该避免仅仅寻找适用于考古学材料的类比（Tringham 1978：185），戈尔德则尝试"超越类比"（Gould 1978a）。我将说明，这些对考古学中类比的价值的判断实际上深受对类比的本质和合理运用的错误认识的蒙蔽。只有这样，才能重新评估所谓类比不可靠、不科学和有局限的责难。

类比的合理运用

作为一种推理形式,"类比"可以被界定为"基于两者之间某些相似性,从一件器物向另一件器物的信息迁移"(Umeov 1970; Wylie 1980)。科学哲学家已经讨论过这种类比的合理使用(Hesse 1974; Copi 1954; Umeov 1970),我们可以从中提取若干通则性结论(Wylie 1980)。

类比可以分为形式类比(formal analog)和关系类比(relational analog)。形式类比指如果两件器物或者两种局势具有某些共同属性,则可能还有其他近似。这种类比是脆弱的,因为可观察到的器物或者局势的特征关联可能纯属偶然。因此,其他类型的类比,比如关系类比,就寻求判断类比不同侧面的自然或者文化关联。类比牵涉的各种事物被认为是相互依存,而非偶然关联的。

形式类比和关系类比之间实际上大有回旋余地。不幸的是,考古学中的类比运用大多集中在形式一侧。克拉克在斯塔卡尔的阐释就是形式类比,因为中石器时代遗址和爱斯基摩人被认为在某些方面(环境、技术和经济)近似,"因此"在其他方面(女性承担皮毛加工工作)也应该近似。克拉克并没有证明类比的两个部分之间的关联;我们也无从得知,为什么在这种环境、技术和经济中,女性会加工皮毛。此类范例不胜枚举。英格兰南部铁器时代晚期的山地要塞和聚落遗址中,常常发现 4 个或者 6 个柱洞，分布在 3 米见方的平面上。博苏通过与近现代社会的类比，提出人们曾在这些柱洞里栽桩，搭建干栏式谷仓（图 3）（Bersu 1940）。过去和现在的农业社会中，方形排列的柱洞的形式近似被认为暗示了地面功能的近似。

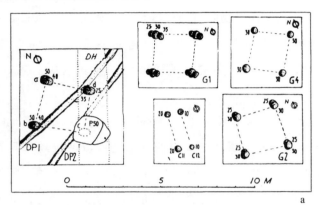

图 3. 四柱布局的谷仓说　a 英格兰小伍德伯里铁器时代遗址的四柱洞布局（Bersu 1940）；b 肯尼亚图根人（Tugen）的现代干栏式仓储。更多现代范例参见图 30。

形式类比怎样才能得到强化？显然，被比较的两种环境中可以确认的近似越多，可预期的其他近似就越多。随着近似数量的增加，形式类比就变得越来越有说服力。在某种程度上，相似点的数量和细节累积到一定程度，即使某些侧面的相似性尚未可知，人们也不便提出异议。因此，在斯塔卡尔范例中，如果我们可以列举出史前遗址与现代爱斯基摩人同出一辙的大量物证，那么"未知"的近似，包括谁加工皮毛，就变得可以预测了。检查柱洞的具体尺寸，宽度和深度，观察土壤情况、干栏式谷仓必然出现的寄生虫和潮湿状况，在柱洞中寻找谷物证据，都可以强化过去和现在的"方形"柱洞布局的相似程度。随着过去的柱洞布局和现代的干栏式谷仓的相似数量增加，将铁器时代遗迹阐释成为谷仓就变得越来越可信。

增加过去和现在的形式近似数量的另一种方法是比较同一地区的考古发掘和现代遗址。在北美，有时可以在与同一地区的现代或者历史记载的印第安子遗族群的类比基础之上，阐释史前古印第安人遗址。同样，在非洲，可以假定考古学和民族志资料的延续性。这种比较构成了考古学中的直接历史方法（direct historical approach）。如果可以假定古今延续性，被比较的信息的众多形式相似就更容易确认了。

如果不能使用直接历史方法，形式类比还可能通过其他策略得到强化。与其简单地增加相似数目，不如强调与类比的各项特征相关的范例的范畴。因此，如果不论什么环境或者经济下，皮毛加工都由女性承担的话，克拉克对斯塔卡尔的阐释就会更有效。同样，如果可以证明，历史上和现实中特定规格的柱洞模式始终与干栏式谷仓有关的话，对铁器时代的阐释就更为可信。事实上，我们无法提出任何一种关联。但是，我们仍然可能通过证明广泛性，支持类比的使用。在最近的考古学中，这种适用于不同文化和环境的广泛性表述被称为跨文化法则（cross-cultural law）。

作为阐发跨文化法则或者"关联"的代表性学者之一，施斐尔提供了诸多范例。基于耶伦（J. E. Yellen）详尽的民族志研究，施斐尔勾勒出聚落的日常维持活动的多样性与居住时间直接相关的法则（Schiffer 1978：233）。此例中，"法则"不过是关联的表达方式，它表明一个族群在同样的地方待得越久，它的活动类型就越多。施斐尔（Schiffer 1978：244）声称，这个观察是在众多不同环境中独立完成的。为了支持类比的可信度，我们就需要大量社会和文化范例，证明居住时限和活动数量的确相关。

强化形式类比还有第三个方面。相对于相似数目，类比结论不能过于野心勃勃。克拉克的范例中，几乎没有列出斯塔卡尔和爱斯基摩狩猎者之间的相似点，阐释就显得大而无当了。在大量的关联基础之上，谨慎而适度的阐释看起来更容易被接受。

我们可以通过增加古今物质和环境的相似数目和范围，强化类比，然而，偏向形式的比较仍然被讥为不可靠，易于遭到耻笑，被指为反科学。特别是，关联或者对应失效的范例频频出现。在以类比阐释墓葬遗存的文章中，艾柯（Ucko 1969）提出，墓葬的不同特征，譬如火化、身体朝向东方或者大墓的出现，在不同的社会中可能意味截然不同。失望之情，溢于言表。充斥了

"警世故事"的近期考古学文献表明，由于替代性阐释比比皆是，考古学家在使用特定类比上多么容易犯错！考古学家调查晚近才被废弃的营地，以考古学家的身份阐释遗址，然后向遗址上的居民询问实情。结果，考古学家的阐释往往是错误的。

所有这些悲观和谨慎都是过度强调形式类比与关系类比的对立关系造成的。当然，如果我们只看柱洞布局的形式近似，或者仅仅罗列特征关联，就会发现不同的类比都适用于同样的考古资料。不论从何而来，类比注定要在主题上与有待研究的过去相关。我曾采纳现代区位研究中以德国城镇布局为基础的中心场域理论，研究罗马时代的不列颠（Hodder 1975）。由于它与罗马时代不列颠的前工业社会无关，这个类比就饱受非议。

因此，关系类比就需要证明古今局势中的近似与亟待解释的"未知"相关，而可被观察到的差异是无足轻重的；差异之所以不相干，是因为它们与被提出的相同之间缺乏关联。尽管并未明确表达，类比的考古学运用常常暗示，类比的各个侧面存在某些必然联系。但是，被提及的关联几乎都只是功能性的。对四柱支撑的干栏式谷仓的观察表明，它们可能起到防治害虫和保持粮食干燥的功能。遗址使用时间越长，那里承担的功能就越多，也就能够发现更多样的残渣和废弃物。

考古学中运用和发展关系类比的目的是界定社会和文化的不同属性相互依存的情境。"在条件 C 下，如果有 A，则必然有 B"被认为是可证的。考古学家发掘出来的物质文化被假定以特定方式发挥作用。因此，如果过去特定人群有特定的生活方式，物质文化就按照特定方式使用；由于与生活其他侧面的功能性关系，物质文化的模式是可以预测的。

对于很多人而言，这种可预测的功能性关联的存在意味着类比可以被考古学资料科学地检验。有人（如 Gould 1978；Tringham 1978）提出，我们可以为过去的资料找到现代类比，可以通过在物质遗存中"检验"其结果，有效地降低类比的不可信程度。通过以资料"检验"类比的特殊形式，就能规避反科学的指责的幻觉广泛存在，这源自宾福德广为征引的在考古学中运用类比的范例。我们有必要简要反思宾福德的阐释（Binford 1967），以便证明"假设—演绎"类比检验的错误特征，展示关系类比的本质。

宾福德讨论了"灰坑"或"窖藏"的阐释。这是密西西比遗址中堆满碳化玉米棒子的坑洞，年代自公元 470 年起，直到晚近时代。他描述了它们的考古学分布、形态和规模，也列举了类似坑洞用于熏烤兽皮的民族志范例。他证明，考古学和民族志上的坑洞大致出现在北美同一个地区，它们拥有相同的形态，考古学和民族志范例之间可能存在连续性（因此直接历史方法可用）。宾福德提出，考古学上的坑洞用来熏制皮毛。

值得关注的是，分析至此，宾福德主要采用的是形式类比。考古学坑洞和熏制皮毛之间的关系主要基于与民族志上的坑洞的规格、形态和内容物的形式近似，与它们在分布上的形式类似，以及社会连续性表达的其他类似。但是，宾福德提出，他可以通过提出另一套辅助性预测"检验"阐释。

演绎性预测建立在熏制皮毛和生活的其他侧面的功能性联系

上。宾福德提出,在"灰坑"周边地带,有可能发现考古学意义上与熏制皮毛相关的其他活动。他注意到,民族志中,皮毛熏制发生于春夏季"大本营",因此,在考古学上,"灰坑"也应该出现在这些季节居住的遗址中。此外,在民族志个案中,熏制皮毛是女性工作,因此"灰坑"的风格变化应该与其他女性制品,比如陶器的变化直接相关。

宾福德将他的辅助性预测当作可以在科学推理和实证阐释框架中检测的假设,有别于使用类比的主观阐释。但是,在上述讨论中,非常清楚,在分析的辅助部分,宾福德仅仅表明,形式类比可以通过增加相似数目得到强化。在熏制皮毛和其他活动之间存在各种功能性关联。通过在古今局势中寻找更多的、功能相关的类似,宾福德强化了他的阐释,走向关系类比。

宾福德的"灰坑"阐释并不是假设—演绎方法的上佳范例。如果真的遵循演绎法,他的预测和"灰坑"作为熏制皮毛设施的用途之间还需要若干逻辑链(Binford 1972:70 称之为逻辑—演绎论证)。但是,这种逻辑必然性却无法证实。比如,在我看来,所有与女性相关的器物,包括"灰坑",应该有同样的风格变迁的说法就毫无逻辑可言。我想知道,为什么女性制作的陶罐需要与女性制作的"灰坑"的论证联系起来。换言之,我会寻找关系类比,这样更适合检验类比的不同部分之间的因果关联。当考古学家宣称"逻辑演绎的"论证时,他们常常直接将自身假设施加在资料之上。在关系类比中,所有相关的论证都必须在更清晰地界定和解释、不同功能性活动各就其位的文化情境中得到检验。

更一般而言，考古学家需要检验，在运用类比时，为什么一种变量（比如陶罐变化）与另一种变量（比如灰坑）相关。我们必须更加关注因果关联，而不仅仅是泛泛相关。但是，我们对因果和关联的评估常常受到自身的文化和个人预置观念的影响。在运用假设—演绎方法时，考古学家意识到主观性问题，试图通过严格地以资料检验假设予以克服。但是，这个观念本身有误，因为考虑资料时，我们就考虑或者假设了资料背后的因果关联。

如果宾福德真的采用逻辑—演绎论证，我们就会期待对"灰坑"用于熏制皮毛的初始命题进行独立检验的辅助性预测。事实上，资料的辅助性检验无法独立于主导性检验。确认"灰坑"周边地区与熏制皮毛相关的其他活动可能支持类比，但是它们不能"检验"这个命题。考古学家对用于皮毛熏制活动的工具的阐释本身可能就受到有待检验的命题的影响。此外，无论灰坑和工具多少次共生，灰坑仍然可能用于其他目的，而皮毛熏制只是共生活动之一。我们需要更多地了解这些活动的文化框架，以及它们为何共生。通过检验资料不同侧面在文化意义上的相互依赖关系，类比可以得到强化，但它绝不能在独立的资料中被"检验"。推理就是逐个叠加地建立假设大厦，超越资料、试图解释的过程。在这样的过程中，常常有可能产生错误、不准确的预设、有瑕疵的逻辑、有偏见的观察等等。部分因为我们的预测和期待（"检测"）本身就是不当建构的，部分因为并无独立的资料，大量主观性被夹带进来，因此，我们无法证实或者证伪。

受到卡尔·波普（Karl Popper）的影响，很多考古学家将反驳视为科学方法的重要侧面,我却很少言及反证。在我看来,考古学中无法绝对反证,就像无法绝对证明一样。我已经展示,我们如何通过考虑(a)相关性,(b)普遍性,(c)适用性(客体和类比之间的相似数目),来支持假设。众多考古学家赞同,由于多个假设过程都能产生同样的可被观察的模式,我们无法证明假设。但是,他们又宣称,如果假设的预测无法得到实证资料的证实的话,我们就可以反证假设。然而,预测本身可能就建立在不一定正确的假设之上。任何反证本身就是假设。比如,如果我提出假设,根据与现代社会和环境的类比,为了最大化地利用环境的潜在资源,一个过去的贝类采集社会关注更大、营养更丰富的贝类 A。假设我发现史前遗址中主要是个体稍小的贝类 B,贝类 A 数量较少,我能否反对最大化假设呢?显然不行,因为可能有其他原因导致贝类 A 较少见于遗址之中。贝类 A 可能就是采集数量最大的种类,只是被遗弃到别处。此处的问题是预测并不必然是行为假设的结果。在宾福德的灰坑个案中,如果妇女制作的陶罐的风格与灰坑的风格无关,这并没有否定灰坑用于熏制皮毛的预设。如果读者接受宾福德关于风格变化动因的假设的话,假设(灰坑用于熏制皮毛,妇女挖掘灰坑和制作陶罐)正确,而预测(灰坑和陶罐的风格相关)并不正确时,假设只是被弱化,而不会被否定。因为缺乏来自过去的关于物质文化和人类活动之间关系的资料,考古学家无法检验预测本身的有效性。在贝类采集范例中,我们无法保证特定贝壳按照能被考古学家发现的方式埋藏。因此,尽管我们可以通过论证相关性、普遍性和适用性强化或者弱化假设，但无法不容置疑或者一锤定音地验证或者驳斥它。

"灰坑"范例的确表明，如果相似的数目大、范畴广，类比的不同侧面的关系得到充分说明的话，类比的运用就很严谨。在宾福德的皮毛熏制坑阐释发表之后，穆森提出了另一个假设，认为灰坑用于烘焙陶器（Munsen 1969）。在回应穆森的建议时，宾福德（Binford 1972）正确地提出，两种阐释可以通过检验灰坑使用的其他相关侧面予以区分。因此，通过检验特定的文化情境中，灰坑和考古学记录上可见的其他活动的因果关系，我们就可以分辨出相互竞争的类比的高下。

关系类比和被比较事物的情境的观念就是考古学中正确运用类比的精髓。我们可以通过增加过去和现在的比较点的数量和范围，确认比较的相关性，规避不可靠和反科学的指控。我们需要理解与阐释文化证据的特定特征相关的变量，我们需要更好地理解我们关注的属性和它们的情境之间的关联。我已经指出，考古学家最近感兴趣的关联和情境集中在功能上。现在，我试图阐明一个观点，即情境的概念不仅包括功能，也必须涉及观念。这个观点将在本书中得到更充分的检验。

情　境

我们不妨从一个范例着手。我们将在第三章和第五章中看到，最近，考古学家纷纷尝试对聚落中人们整理和存放垃圾的方式进行通则性总结。施斐尔（Schiffer 1976）和宾福德（Binford 1978）都提出了若干关于遗弃行为和遗址规模、居住年限、制造工具投入精力等等之间的跨文化关联。比如，一种理论认为，一个遗址的居住时间越长，人口密度越大，活动区域中就有越多的垃圾次级移除和清理活动。这种功能性关系既涉及保持区域宜居和洁净的需求，又涉及随着人口密度增加的次级清理和移除的概率。现在，尽管此类跨文化通则的理论陈述的确意识到描述这些关系存在的环境的重要性，但是，在实践中，环境或者情境并没有得到精准定义。"法则"被预置为普遍适用的，或者在"其余相同"的说辞下，情境被搁置一旁（Binford 1976）。除开讨论技术、经济和环境制约，几乎只字不提"其余"。我们已经看到，假定物质环境的若干侧面就足以界定变量关系的情境是多么危险！

在对垃圾的研究中，从来无人强调，人们对于污物和垃圾的态度可能影响遗弃模式和聚落规模及居住密度之间的功能性关系。然而，第五章即将讨论的众多人类学研究将证明，我们对什么是垃圾的概念、对保持洁净的关注，都极其依赖当地的意义框架。不同社会、社会中的不同群体对垃圾的态度各不相同；想想英格兰的吉卜赛人营地周围堆积如山的垃圾，深深困扰了追求洁净和光鲜的非吉卜赛人社会；或者，在态度、标准和旨趣上，为了刻意与追求整洁、得体、干净得无可挑剔的自我形象的中产阶级父母决裂，嬉皮士故作肮脏和蓬头垢面。因为受到态度和概念的干涉，垃圾和遗址类型、居住年限或者社会形式之间都没有简单的功能性关联。

这样，情境的概念必然等量齐观地关注生活的功能性和意识形态侧面。在考古学中运用类比时，由于情境可能冲击物质文化的任何特定特征，我们必须强调对情境的全面研究。这个更成熟的情境观念表明，每种情境都是独特的。我们日常活动的意义框架就是观念、策略和态度的独特组合。在充满意义的情境中，物质文化的象征意义也是独一无二的。

在讨论关系类比时，我们有望回应类比既不可靠又不科学的批评。但是，本章前段已经提出了类比的第三个问题：来自现在的类比限制了我们对过去的理解。对情境的独特本质的强调进一步放大了这个问题。如果每种情境中，物质文化都是意义、观念和个人策略的特定组合的话，我们何以用当下的情境去阐释来自过去的证据呢？

这个问题乍看起来棘手，但并不难回答。物质文化模式的情境性本质问题可以以两种方式检验。其一，每种独特的文化情境都是由意义和象征通则构成的，它们的使用方式大同小异。因此，在众多社会之中，污物被当成拒绝统治集团的控制和权威的标志。吉卜赛人用垃圾抵抗非吉卜赛人社会，与嬉皮士用污物和失序挑衅他们的父母同出一辙。使用类比的目标之一就是增进我们对物质文化模式的不同侧面的理解，比如垃圾和失序是如何用于个人和群体策略的。我们必须检验物质象征意义的基本原则。但是，在阐发象征意义的通则时，必须特别留意与其他变量的关联、与可能使用特定类型象征意义的环境的关联。显而易见，并非所有的弱势群体都用污物反抗权威。我们需要仔细检查，有什么其他相关要素，以及它们是如何关联的。如果我们熟知物质文化的侧面（诸如污物和墓葬）如何被使用和赋予意义，如果我们熟知物质文化和功能性及意义性情境的关联，我们就能超越现代经验，阐释新局势和独特的文化组合。我们可以解释，全新的文化"整体"是如何由了然于胸的基本原则组合而成的。

其次，在所有类比的运用中，都有必要界定被比较的事物的哪些侧面相似、相异或者未可知。我们的目标是通过证明正类比（positive analogy）的优势和相关性，而差异性无足轻重，促进对未可知（不确定的相似性）的理解。因此，所有的类比推理都默认，被比较的事物之间总有一定程度的差异。尽管情境略有不同，我们仍然可以今古并置。戈尔德已经提出"超越类比"的"对比"（contrastive）方法（Gould 1978）。他指出，我们可以将现代局势当作比较来自过去的证据的基准线。事实上，戈尔德的对比并非不同方法，它们就是类比运用中不可分割的组成部分。

这样，判断古今局势的差异是否足以令特定的正类比失效就很重要了。正如上文第一点所示，在做出此类判断时，最关键的是理解联系不同的物质文化及其情境的因素。比如，尽管现代肯尼亚和铁器时代英国的年降雨模式显著有别，我比较了两地如何使用物质文化区分族群（Blackmore, Braithwaite and Hodder 1979）。我认为族群表达研究与降水模式没有直接关联，因此，这个比较依然有效。然而，如果阐释英国铁器时代农耕实践的话，以肯尼亚作为类比就无效了，因为降水管理和农业系统密切相关。提出的类比不同，情境的不同侧面与评估类比和阐释的有效性的关联程度也就不同。

阐释过去独特情境中物质的处置时，可能有两种方式：（a）依照象征意义的通则，总结这些原则和它们被使用的情境之间的关联；（b）在证据的不同侧面，谨慎地开展选择性类比，确认异同，从点滴出发，逐步建立起对如何拼缀全貌的理解。

对于古今局势皆很独特的情况下如何使用类比的问题，我的回答是，两种类比显然都有必要，（a）只要与情境的关联可被理解，就有望提出物质文化和生活的社会及经济侧面的关系的通则理论；（b）与通则性理论知识相结合，就有可能评估特定类比的什么侧面是相关的。关系类比的运用取决于优秀的理论框架，在此框架中，我们可以确认特定个案中什么是相关的。

当考古学家一枝一叶地精心挑选类比，从点滴入手，在各自情境中评估整体时，现代物质文化模式的独特性就不容忽视。保留至今供我们研究的传统社会常常高度适应于特定的环境和生活方式，因此，对特殊性的兴趣和对普遍性的兴趣一样必不可少。事实上，过去常见的社会类型可能现在仅残存于一两个范例之中。过去的处置物质文化的特定模式如今可能极端罕见。即使仅仅为了对比，我们也应该考虑那些独特和离奇的文化。

结　论

总体而言，对考古学中类比的运用的批评应该仅限于误用。当被比较的事物之间相似寥寥，比较的相关性无法得到充分证明时，类比辅助的阐释就既不可靠，也不严谨。考古学中类比的适当运用需要特别关注情境，即物质被日常使用的功能性和意识形态的框架。近期考古学中对类比的讨论已经考虑了着眼于物质文化和社会不同侧面共存关系的跨文化法则。这种研究很少关注协变关系何时和为何发生。我们必须不仅检查协变关系的存在和优势，也要检查其本质和动因。只有当考古学家更全面地理解某些事物真实发生的条件和情境，类比的使用才变得可靠而严谨。

有些考古学家最近提出类比仅能用于形成关于过去的命题，试图贬低类比的价值。他们认为，科学考古的真正精髓是推测命题的结果和在独立的考古学证据中检验结果。事实上，考古学家能企及的最严谨的方法就是谨慎地运用关系类比。类比就存在于关联情境之中。

当前，我们仍然无法想象考古学家如何摆脱对与现在的类比的依赖，也无法理解他们为何有此想法。本章中，我尝试展示考古学中类比的重要性，试图证明，与现在的类比绝不会全盘压制对过去的阐释。尽管我们对人类行为和思想的阐释深受我们所生存的社会的影响，但是，我们同样能够理解世界各地不同的社会、文化和经济，可以借此描述和阐释过去。作为考古学家，我们一直，而且将继续倚重其他社会、行为和思想方式。正如第二章所示，考古学与民族志和人类学的关联非常密切。

第二章 民族考古学

尽管我们并未把民族考古学视为类比的唯一来源,但是,它无疑是重要来源之一。民族考古学难以标识,因为每个习以为常地使用的词语,合在一起却舛误丛生。然而,我希望,在讨论传统的、工业化程度较低的当代社会时,我的用意可被理解。最近二十五年,为了回答考古学阐释的问题,提出和检验类比,考古学家投身于对传统社会的田野研究。这就是被称为民族考古学的工作。

首先,定义问题。尽管早在 1900 年费克斯就使用了"民族考古学"一词,直到最近,它才成为流行术语。其意义见仁见智。戈尔德和斯泰尔斯将其定义为民族志材料和考古学材料的比较(Gould 1978b; Stiles 1977)。这个定义失于宽泛,特别是,如果我们承认所有考古学阐释都包括与现代社会类比的话,几乎所有的考古学阐释都可以被称为民族考古学。另一方面,斯坦尼斯拉夫斯基(Stanislawski 1974)将民族考古学界定为一种田野研究,这种观点比较容易获得认同。民族考古学是旨在辅助考古学阐释的民族志原始资料集成。第二种定义更契合于当下的使用方式。和主持独特的民族志田野研究的考古学家相比,匆匆翻阅民族志著述的书斋考古学家就难以辩称"我做民族考古学"了。

民族志、民族学和人类学之间的关系容易混淆,因此有必要加以区分。民族志是对当代族群的分析研究,包括对其物质、社会和语言特征的考察。另一方面,民族学是对族群特征之间的关系及其因何而变的理论的阐发。民族学倾向于关注简单、无文字的民族,而将更复杂的工业化社会留给社会学和地理学等等学科。人类学研究人类,常常是简单的、工业化程度较低的人类。人类学是更宽泛的科学组合,在北美,人类学包括考古学,在英国则没有。人类学是包括民族志和民族学在内的通则化领域。关于欧洲和北美术语的定义和差异,读者应该参阅劳斯的著述(Rouse 1972)。

与考古学实验方法的关系

对于考古学家而言,现存传统社会并不是类比的唯一来源。第九章将表明,类比也可以建立在对我们自身高度工业化的社会中的物质文化研究之上,这种工作也被称为民族考古学。但是,在我们自身的社会中,考古学家还可以通过模拟实验建立与过去的类比。实验考古学(Coles 1973,1979)和计算机模拟(Hodder 1978b)都关注检验特定的考古学阐释的可行性。在若干方面,它们有别于民族考古学。首先,为了观察过去使用的陶器烧制方法和陶窑,在陶窑中焙烧陶罐的实验可能具有真实的实验性,因为实验可以重复多次,陶窑环境和温度能得到精确监控和记录,各种变量均可控制。通过"运行"大量不同的试验,仔细检验不同变量的效果，对假设的史前交换过程的计算机模拟就可以得到更精准的控制。然而，民族考古学几乎没有实验控制。每个人都是观察者和提问者；没人可以这般那般尝试，然后观察会发生什么。

民族考古学失之于实验控制的，却得之于"真实"。民族考古学家不研究自己创造的虚拟环境（尽管在对田野方法的讨论中，我们可以看到这需要某些技巧才能做到）。他可以将在陶窑中烧制陶器放置到完整的社会、文化和经济情境之中，观察所有可能的相关变量。另一方面，尽管试图尽可能地比照史前时代信息进行复制，实验考古学家的确制造了虚拟环境。实验考古学家试图学习和操作他并不习惯、他所属的社会遗忘已久的手工技术。除了实际困难，由于实验在真空环境下进行，与生活的社会、文化和意识形态等侧面的联系就难以界定。实验考古学家可以检查实验中的技术和自然变量的影响，却无法评估第一章赋予重要意义的更广阔的情境。计算机模拟纯系虚构。从这类工作中建立起来的任何类比都完全依靠考古学家提供给计算机的预设。计算模型有效与否取决于二手民族志和实验信息。（见图4）

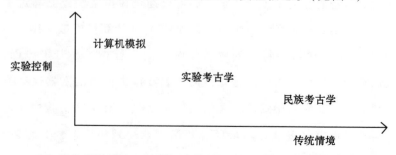

图 4. 计算机模拟、实验考古学和民族考古学关系的若干侧面

实验考古学包括为了检验针对考古资料的想法而开展的实验。我们已经发现，这不如民族考古学真实，但更可控。民族考古学还有超出竞争对手的一项附加优势。它较少受到民族中心论的玷污。我们自身社会中开展的任何实验都受制于社会的预设观念和知识。通过在现代西方社会中开展实验，拓展对过去的观念的空间，其实极其有限。另一方面，民族考古学可以以其他行为，更激进地挑战西方考古学家。民族中心主义偏见更容易被摧毁。不过，这也存在以一种民族中心主义替代另一种民族中心主义之虞，我在第一章中已经表明，不能将现存传统社会全盘类比于史前社会。因此，我们必须谨慎选择和控制类比。

有些考古学家尝试在传统情境中进行有限而可控的实验，将民族考古学和实验考古学的优势结合起来。怀特和托马斯要求新几内亚人进行石器生产实验就是范例之一（White and Thomas 1972）。遵照民族考古学家要求，巴布亚—新几内亚中央高地持顿那语（Duna-speaking）的族群制作传统石器，不同地区的男性制作的石器的形态差异就可得到分析。民族考古学家开展的实验的优势在于，最影响工具形态的变量的分析和发现都能得到控制，可以获取大量样本。但是，它也有劣势。特别是，民族考古学家不再是传统行为的观察者。他将被研究的活动从情境中分离出来，不加掩饰地干涉研究场景。他带来了不实的虚饰，而民族考古学研究的重要成分——情境却遭受侵蚀。最终，我们对于怀特和托马斯确认的关系确凿存在的情况知之甚少，因此也难以在其他情境中使用他们的研究结果。

在理解物质如何被生产和使用，在确认诸如人工打制的燧石或者伐木的石器的自然属性上，实验考古学极具价值。但是，当回答将技术和经济与更广阔的社会和文化情境联系起来的"为什么"问题时，这种方法就捉襟见肘了。

考古学中民族志类比的运用史

与民族志类比的一般运用相比，民族考古学具有更严谨的定义。为了评估当前民族考古学的重要性和目的，哪怕再简略，也有必要记录考古学家运用民族志和人类学的历史。欧洲和北美均可见到运用民族志类比的历史。

在欧洲，文艺复兴时期，对古典世界及其文学的兴趣枯木逢春，它衍生出对有文献记载的文明之前的古代社会的意识。事实上，最早服务于考古学家的民族志是恺撒和塔西佗的著述，《高卢战记》和《日耳曼尼亚志》分别描述了法兰西、英格兰和莱茵河下游的本土居民。一方面，对早期民族志不断增长的兴趣催生了对野蛮历史的描绘；另一方面，与当代世界截然不同的图景也引人关注。

对未知世界的探索给 16 世纪欧洲带来了全新的文化。伊丽莎白时代的弗吉尼亚探险家约翰·怀特描绘了波密偶克（Pomeiock）印第安人的村落、仪式、箭镞生产和狩猎—农业活动。他的水彩画部分刊印在德拜瑞（de Bry 1590）版本的哈利奥特（Harriot）《弗吉尼亚新发现地区的真实简报》（*Brief and True Report of the*

New Found Land of Virginia）中。但是，德拜瑞在书中添加了历史上的不列颠人的最初形象，与都铎人、罗马人或者神话英雄截然不同。图片被加注说明："绘制弗吉尼亚州最早居民的画家也给了我以下五张图画，它们唤起了我对英格兰旧时光的记忆，我也呈现给读者们。大不列颠的居民一度和弗吉尼亚的居民一样野蛮啊！"（选自 Orme 1973：488）因此，民族志对比材料被用来增补我们对过去的信息。1611 年，约翰·司碧德（John Speed）援引弗吉尼亚人，证明古代不列颠人也是赤身裸体的。民族志令 17 世纪社会的文明人士对于自身的野蛮过去大为惊骇。

民族志改变对过去浪漫而神秘的阐释的另外一例是早期石器之争。17 世纪中期，奥德罗凡达斯（U. Aldrovandus）将石器描述为"雷电的蒸发物和乌云之中的金属物质相混合，在湿气的包裹下凝结形成的固体（就像面粉掺水），随后再加热硬化，如同烧砖"。与此同时，托琉斯（Tollius）提出，打制石器是"空中球状物被云中闪电劈成的"（Daniel 1950：26）。对早期石器的其他阐释包括雷公斧或者精灵箭头。在民族志类比材料的帮助下，这些说法在牛津遭到三度批驳而走向终结：普拉特（Robert Plot）博士于 1686 年，他的岳父道格戴尔（W. Dugdale）于 1656 年，他的助手利维德（E. Lhwyd）于 1713 年分别发起批判。到 1800 年，约翰·福莱尔（John Frere）终于可以将旧石器时代手斧描述为"兵器"了。

18 世纪，民族志和欧洲的过去之间建立起众多对比，拉非陶（J. T. Lafitau）1724 年于巴黎出版的《美洲野蛮人与史前时代遗物比较》(*Moeurs des Sauvages Ameriquains, Comparées aux Moeurs des Premiers Temps*),克拉夫特(J. Kraft)1760年于哥本哈根出版的《野蛮人的主要机制、习俗和观念:论人类起源和进化》(*Brief Account of the Principal Institutions, Customs and Ideas of the Savage Peoeles: Illustrating the Human Origin and Evolution Generally*)都是明证(Klindt-Jensen 1976)。拉菲陶曾是驻加拿大的法国传教士,他在印第安人与《圣经》和古典文献之间建立起对比关系。克拉夫特更脍炙人口的作品被译成德文和荷兰文,不过基本没有引起考古学家的注意。在与现存原始社会类比的基础之上,他明确地将欧洲土壤中发现的石器和人类史前时代对等起来。

16世纪到18世纪,诸如此类的民族志对比关系的运用都热衷于提出简单的形式类比,以便直接厘清,或者另立新说。直到19世纪,很少有人考虑到民族志对比关系的危险,只有丹麦的尼尔森(S. Nilsson)和英格兰的皮特-里弗斯(A. H. Pitt-Rivers)幸免于外。

尼尔森的《斯堪的纳维亚的原始居民》(*Primitive Inhabitants of Scandinavia*, 1843)运用"比较方法",将史前器物与现代人类使用的形式或功能相同的器物进行比较。他宣称,通过采用比较方法,考古学应该能够"收集消逝已久的人类的遗存、他们遗留的物品,在它们和迄今仍然存世的类似器物之间建立对比关系,通过比较而开辟一条接近它们一度存在的境况的知识的道路"。但是,他也注意到,使用民族志类比需谨慎,"斯堪尼亚和佛尔格出现类似石箭镞并不必然证明两者相同,或者有共同的来源"

（引自 Daniel 1950：49）。在皮特－里弗斯对运用民族志比较的重要而独特的贡献中，同样的谨慎也历历在目。皮特－里弗斯将军的从军经验导致他对来复枪的发展和改进兴趣盎然。他对来复枪的类别和形式的仔细分类随后推广到兵器、船舶、乐器、宗教符号等等的广泛收藏。排列材料时，皮特－里弗斯更关注类型而不是来源地。考古学和民族志材料可以并排比较。但是，和尼尔森一样，他谨慎地将讨论限于形式对比关系。在提出类比时，他认为，不仅需要证明形式相同，还要证明功能相同。对功能的关注拓展了形式近似的情境，走向了关系类比。

奥姆（Orme 1973：487）提出，在确认器物时，威尔逊（Wilson 1851）、伊文斯（Evans 1860）、克里斯蒂和拉特（Christy and Lartet 1875）都运用了与当代传统族群的物质文化的比较，而雳伯克（Lubbock 1865）和泰勒（Tylor 1865）的更具通则倾向的阐释也极其依赖民族志。1870 年，雳伯克爵士在《文明的起源和人类的原始状态》（*The Origin of Civilization and the Primitive Condition of Man*）中写道，"现在被低等人种使用的武器和工具阐明了古墓或者沙砾之中发现的武器和工具的意义和使用方式：……对现代野蛮人和他们的生活方式的知识使我们能更精确地描绘、更鲜活地感知往昔我们的祖先的行为和习俗"。19 世纪后期，民族志对考古学的影响增强，导致两项新进展。其一，在阐释过去时，参考"原始"祖先的民俗残余（Daniel 1950：185）。其二，"文化"概念开始替代按照时代切割考古材料的旧方法。通过描述西非和美拉尼西亚的文化区域，拉采尔（Friedrich Ratzel）和他的学生弗洛贝尼乌（Leo Frobenius）开启了"人文地理学"的欧洲学派。德国民族学者的工作对考古学中的文化观念的发展影响深远，这个概念后来被柴尔德（C. Childe）采纳。事实上，丹尼尔（Daniel 1950：246）将按照文化组织史前史称为"史前史的人类学立场"。

尽管19世纪后半期的民族志和人类学对后世影响巨大，尼尔森和皮特-里弗斯的谨慎却无人问津。形式对比关系的运用极少关注情境，也绝口不提危险。与人类学的纽带日益增强的趋势延续到20世纪前半期，在利物浦大学考古学研究所的支持下，《考古学与人类学年刊》（Annals of Archaeology and Anthropology）于1908年创刊，但是量变并不必然导致质变。

《古物》（Antiquity 1927）创刊号刊载了雷蒙德·费斯（Raymond Firth）对毛利人山地城堡的研究，旨在帮助英国史前史学家阐释自身的铁器时代工事。尽管仔细讨论了毛利人社会中山地城堡的选址，但是，在壁垒规模和形态等特征上，与英国山地城堡的比较既疏阔又流于形式。在1939年对澳大利亚约克角半岛的曼堪（Munkan）土著人的研究中，汤姆森（D. F. Thomson）认为，面对残存的物质文化时，考古学家可能深感疑惑，甚至被误导。土著居民在不同季节过着不同生活，考古学家可能会误认为不同的物质组合是不同人群生产的。此外，汤姆森注意到，只有极少的器物能残留到被考古学家发现。这是后来常见的"警世故事"、悲观而负面的类比的最早范例。此类范例大多不甚关心产生特定物质遗存的情境：在澳大利亚案例中，情境高度特殊，因此难以形成通则化总结（参见第五章的讨论）。

与相距不远的社会的对比可能能避免这些问题。在奥克尼（Orkney）群岛的新石器时代聚落斯卡纳布雷（Skara Brae）的发掘报告中，柴尔德（Childe 1931）运用了与北方岛屿的晚期居民的类比，解释窝棚中床和其他遗迹的功能。克拉克（Clark 1952）也运用了来自斯堪的纳维亚晚近和现代社会的丰富信息，为史前工具提供形式类比。但是，在同一本书中，和斯塔卡尔遗址的研究（第一章）一样，很多形式比较是以相距遥远的爱斯基摩人或者加拿大及其他北美洲部落为对象的。更为晚近，克拉克（Clark 1865）访问澳大利亚，这导致他在一篇文章中，尽管在一定程度上考虑了情境和关联，仍然将那里的斧头交易与英国的新石器时代石斧的分布进行比较。在斧头本身、它们的广泛分布和社会的初级发展层级等方面类似的基础之上，他提出，新石器时代石斧以礼制性礼物方式进行交易，与新几内亚和澳大利亚的情形大体相当。

由于对相关性和情境的关注不断增长，大卫（David 1971，1972）和罗兰兹（Rowlands 1971，1976）最近提出了谨慎而信息丰富的类比。但是，对形式比较的强调仍然挥之不去。克拉克（Clarke 1968）利用加利福尼亚印第安人的证据提出，可以在区域性器物分布和语族之间建立关联，霍德（Hodder 1978a）也提出了文化分布的其他形式比较。在警告（例如 Ucko 1969）和评估（Orme 1973，1974，1981）频频刊布之后，此类形式研究已经大幅减少。但是，伴随着三所英国大学的考古学系中设立民族志考古学职位、若干个考古学和人类学的联合学位、不计其数的课程、多篇论文（其中若干随后将被征引）的出现，考古学、人类学和民族志的结合程度在英国和欧洲大陆走向新高。尽管如此，英国的考古学和人类学的有意识的弥合引起的焦虑，远没有北美出版物在过去的二十五年发出的捍卫召唤那么强烈。事实上，近期风行英格兰和欧洲其他地区，服务于考古学的民族志，应该是大西洋彼岸的传播所致。

图 5. 美国东南印第安人的葬仪　杰克·勒摩纳（Jacques Le Moyne）的插图提供了重要的关于美国东南印第安人的早期欧洲观念。16世纪60年代，杰克·勒摩纳随着法国殖民者抵达佛罗里达东北。这幅插图描绘了印第安人的安葬仪式，墓葬或者小型墓葬土丘周围环绕插箭，墓顶放置一件海螺杯。送葬者环绕土丘，背景处有栅栏环绕的村落。参与土丘建造者之争的早期作者们要么不知，要么无视此类插图。（Willey and Sabloff 1974）

在美洲，活跃于考古发掘地区的现存印第安人社会使考古学家意识到以今释古的可能性。北美考古学家采取比欧洲更直接的方式，他们一直善于利用民族史和现代民族志材料。美洲使用民族志的早期范例见于"土丘建造者"之争。18世纪晚期之前，俄亥俄和其他边境地区发现大量的土丘或遗迹（见图5）。任何提出土丘由印第安"野蛮人"建造的想法都遭到排斥，被印第安人替代的"消失的种族"则被臆想出来。作为土丘建造者的消失种族的本质和起源成为众多虚幻的猜测的主题，直到19世纪晚期，塞鲁斯·托马斯（Cyrus Thomas）的工作才最终否定了这个神话。约翰·鲍威尔少校（Major John Wesley Powell，第一位乘小舟从大峡谷湍流漂流到科罗拉多河的探险家，参见图6）担任民族学事务局局长后，指派托马斯于1880—1890年间开展对土丘的研究。通过托马斯的发掘和将同一地区的发掘材料与当代印第安人物质文化的比较，鲍威尔和托马斯提出，土丘建造者就是现代"野蛮人"。

托马斯阐释考古学信息的直接历史法就是一种更具通则意义的对连续性的强调。世纪之交，若干研究尝试以考古学证据检验印第安口头传统，或者发现与特定的部落神话相关的遗址（Fewkes 1893；Hodge 1897；Kroeber 1916）。在整个20世纪前期的北美，建立在当地连续性基础之上的类比就是文化综合体的族群认同的重要组成部分。斯特朗（W. D. Strong 1935）和斯图尔德（J. H. Steward 1942）更是将直接历史法视为考古学阐释的独特程序。

图6. 鲍威尔少校咨询印第安人　在亚利桑那北部科罗拉多河大峡谷附近的凯巴高原（Kaibab Plateau）上，鲍威尔少校咨询一位印第安人。(Willey and Sabloff 1974)

尽管美国近期的研究（如第一章讨论的"灰坑"研究）中仍不乏强调以连续性支持类比的范例，过去三十年来，对通则的关注逐步增长，成为被称为"人类考古学"的有意识拓展的组成部分之一。1948年，泰勒将考古学家描述为"双重人格者，嘴上说'做'历史，但'是'人类学家"。直接、连续性类比的运用旗帜鲜明地和历史学倾向结合在一起，而对人类、社会、生态关系和系统通则的关注方兴未艾，规避了对历史框架的强调，转而寻求与人类的通则化科学更紧密地结合。与这个发展相关的是，在使用民族志类比时，对特定情境之中的因果关系的关注越来越少。研究以建立和使用通则性类比为目标。对过去的阐释出自广泛比较和对人类文化行为的类普适性总结，而没有着眼于特定的历史情境（Willey and Sabloff 1974：207）。但是，在美国，这个观点并非畅行无阻。根据安德森的说法，"形式的逻辑分析既取决于普适原则，也取决于对器物的感知，而这是由文化背景决定的"（Anderson 1969）。那些检验了情境和运用了关系类比的近期研究更多地关注功能和生态情境，而不是观念领域。

就在最近，当"人类考古学"吹响了"新考古学"的号角时（Maggers 1968；Longacre 1970），民族考古学成为独立的研究领域。我们已经注意到，费克斯（J. W. Fewkes）早在1900年就已使用这个术语，但是它的主要发展是在50年代和60年代取得的。克雷登斯特和华生（Kleindienst and Watson 1956）、阿舍尔（Ascher 1962）先后提出民族考古学的定义和纲领，以及诸如"行动考古学"或者"活的考古学"等代名词，具体研究也层出不穷（Thompson 1958；Oswalt and Van Stone 1967）。《作为狩猎者的人类》（*Man the Hunter*, Lee and De Vore 1968）论文集极具价值地将与采集—狩猎者相关的大量信息和通则表述与考古学家的关注结合起来，同一年由宾福德夫妇编辑的论文集也收录了重要的民族考古学研究（比如隆加格雷［W. A. Longacre］和艾雷斯［J. E. Ayres］的研究）。自此以后，研究、定义和著述的数量飙升（Donnan and Clewlow 1974；Stiles 1977；Yellen 1977；Ingersoll, Yellen and MacDonald 1977；Gould 1978b, 1980；Binford 1978；Kramer 1979）。但是，我们需要认识到，民族考古学工作的井喷并未形成统一的方法。本章起始已经描述了定义上五花八门的观点。在对情境和关联的强调上也存在显著差异。比如，维姆森（Wilmsen 1979, 1980）仔细研究了特定的布须曼人（Bushman）文化和历史情境以及物质遗存模式，与施斐尔呼吁跨文化"法则"形成针锋相对之势

(Schiffer 1978)。有的研究仅对产生物质遗存的生态性和功能性适应情境感兴趣（如 Binford 1978），有的则关注检验行为的认知基础（如 Hardin 1979）。

对民族志类比在考古学阐释中的角色的认识也时有波动。诡异的是，当美国考古学家的主流意识认为类比的地位应该受到节制时，对民族考古学的热情却风生水起。若干考古学家强调，阐释需要遵循验证假设的方式。民族考古学类比仅仅在形成假设上具有微不足道的贡献。在第一章中，我们已经分析为何这种观点是误导的。事实上，考古学家可以谨慎使用关系类比，无须再建立"假设—演绎"过程。

民族考古学的成长是美国考古学强调人类学，对形成人类行为的跨文化通则的兴趣与日俱增的产物。民族考古学也为检验考古材料提供了独特的假设。不论由美国还是欧洲考古学家承担，一旦开展，民族考古学就具备多种重要功能。首先，当考古学家越来越频繁地向社会人类学家寻求建议和启发时，这清晰表明，现有的民族志研究并不充分。民族志学者很少收集考古学家最为关注的物质遗存材料。他们集中关注社会和语言变迁侧面，对于文化物质，仅有泛泛描述。罕有民族志研究能提供聚落位置、器物尺寸和形态变迁，以及垃圾遗弃过程的详尽信息。特别是，现有的民族志研究都无法回答考古遗址上与埋藏和后埋藏过程相关的遗物和遗迹分布的问题。过去十年来，对这类问题不断增长的兴趣成为鼓励强调民族考古学重要性的另一要素（如 Schiffer 1976）。考古学家有必要收集自己的民族志信息，事实上，大多数民族考古学工作是由科班训练的考古学家，而不是民族志学者或者社会人类学家承担的。

民族考古学的第二项重要功能是从正在迅速消失的社会中抢救相关信息。殖民主义以风卷残云之势摧毁了从塔斯马尼亚到北美无以计数的族群，令人震悚。纳尔逊（Nelson 1916）曾经记录加利福尼亚最后的印第安人——益西人（Ishi）的燧石打制术，但是这种技术已经失传，或者不再见于记录了。遗留至今的都是屠戮劫余。残存的传统社会被迅速纳入世界经济之中。沃博斯特注意到，大部分民族考古学家主要关注狩猎—采集群体的在地适应性侧面（Wobst 1978）。地区性或者跨区域联系则因为"现代""后接触"或者"扭曲"而被筛除。如果我们真的以检验传统社会为重，民族考古学就应该不失时机地将它们安置在现代世界情境之中。

那些希望研究燧石器打制术和其他在西方社会不复存在的技术的考古学家研究传统的、工业化程度较低的社会的初衷尚可理解。然而，我们有可能在对澳大利亚、非洲和美洲居民进行军事、经济、社会蹂躏和掠夺之后，再度掀起一场"智力殖民"。我已经提出，民族考古学的重要性在于它有助于和西方中心主义划清界限。但是，在检验"原始"社会时，如果我们只是以贻害更大的新形式重弹民族中心主义老调的话，这将是非常危险的。我们假设，相对于非洲或者澳大利亚"欠发达"社会，我们自身的"发达"社会更难以找到公元前 6000 年新石器时代欧洲的类比。但是"原始的"非洲人民并不这么认为。他们并不是退化、返祖或者停滞不前的社会。将欧洲新石器时代社会"打扮"成肯尼亚部落和18世纪按照伊丽莎白时代的弗吉尼亚人描述古代不列颠人一样危险。智识意义上的民族中心主义就是操控了20世纪考古学的进化主义视角的一部分。与这种偏见划清界限造就了当今的民族考古学的第三种功能。

如果控制情境的重要性得到认可的话,西方工业社会的民族考古学研究就能和工业化程度较低的世界的民族考古学研究一样有效了。我已经试图说明,对史前史的类比必须摆脱形式上的跨文化研究,迈向更细致地考量物质模式与其功能性和观念性情境的关联。我们需要理解,在每个文化介质之中,为什么物质按照特定方式形成模式。对联系本身的强调意味着,西方社会和工业化程度较低的社会一样,都是有效的类比来源。如果我们能够理解导致现代英格兰埋葬逝者方式变化的所有功能性和意识形态因素,也就是说,我们能够理解埋葬与其情境之间的关联,我们就能判断,现代信息是否与特定的史前局势相关。尽管对特定的、快速消亡的活动(比如打制石器)的技术研究依旧重要,但是,更广泛适用的"情境"研究绝不依赖于发现"原始"社会。相反,我们需要依照各自自身标准,考虑不同社会形式。

民族考古学的第三种功能,在我看来也是最重要的功能,就是建立着眼于法则的民族志类比,这种法则把物质模式和适应及文化情境联系起来。但是,做出如此表述,也就明确表示,民族考古学方法论亟待变革。当前,据我所知,几乎所有的民族考古学研究都是由科班出身的考古学家主持的,我已经解释过这个现象的成因。民族考古学不过是由考古学家抽空客串，常常作为副业或者次要兴趣。考古学家将民族志材料视为考古学材料，并且运用（取样、记录等等）考古学方法处理它们。民族考古学在田野方法、访谈技巧和在现存人口取样问题上，依然缺乏详尽说明。这一显著缺憾是戈尔德（Gould 1978b）所称的民族考古学的"唯物主义"倾向造成的。有假设认为，民族考古学家关心行为的实际产物、物质遗存的空间布局和客观描述。但是，只要接受物质活动的情境才是主要关注焦点，人类学田野方法就变得真正地举足轻重起来。如果我们致力于发现制造陶器或者打制石器的社会和文化框架，我们就必须明白采访、观察和理解其他社会的成员及其物质产品的局限、困难和问题。我们就会发现，不仅人们，连陶罐都会撒谎。

民族考古学田野方法

斯泰尔斯列举了各种已发表的世界民族志资料（Stiles 1977），但是，由于我对民族考古学的界定比民族志类比的惯常用法更为严格，特指田野研究，所以在此我仅仅讨论田野方法。对于更具通则性的人类学方法论，请参考纳洛尔和科恩（Naroll and Cohen 1973），以及布里姆和思贝恩（Brim and Spain 1974）的著述。

任何以当代社会为研究对象的民族考古学家面临的主要问题可能是人们的行为和言论基本无关。比如，我在肯尼亚巴林戈（Baringo）地区开始工作之际，人们告诉我，家庭和聚落中使用的陶罐已经有 80 多年历史了。我发表在《人类》（Man，Hodder 1977）的数帧地图上也如是表述。随后，与在当地工作时间更长的人类学家以及陶工交流，观察陶器破损频率后，我意识到，很少有陶器超过八年。同样，我也听到一些讲述人说，特定的陶器来自特定的地区。通过测量陶器，我发现，这些消息显然有误。

在现代西方社会，当问及物质文化的各个侧面时，人们极易被误导。比如，很多人可能羞于正确回答他们每天生产的不同类型垃圾的数量。亚利桑那图森和密尔沃基的研究都证明，基于口述信息估算的垃圾弃置程度是严重误判的（Rathje 1979）。

也许，在口述信息和实际行为之间缺乏关联上，最广为讨论的一例是"类型"的概念。考古学家辨识出来的器物类型究竟纯属臆造，还是基于"本土"分类法？福特（Ford 1954）认为类型是考古学的和外部施加的，而斯堡丁（Spaulding 1953）则认为可以通过各种统计技术探寻本土分类法。戈尔德（Gould 1974）、哈丁（Hardin 1979）、怀特和托马斯（White and Thomas 1972）等提供了大量范例，表明考古学分类和本土分类并不一致。比如，怀特和托马斯指出，将石器分成石核和石叶的考古学基本分类法并不见于新几内亚高地居民。显然，在研究物质文化模式的文化情境和意识形态基础时，我们可以研究特定言语层次未能表达的有意义的行为。这样做的原因是什么？

言行不一有很多原因。其中之一就是言语和非言语（non-discursive）知识之别。比如，我们可能在尚不能解释语法规则的情况下就已经会说某种语言。因此，在物质文化中，我们也可能在不能以言语解释的情况下就知晓如何行动。这可能是因为，在西方现代社会里，对物质文化的讨论不及对宗教、性、政治的讨论那样清晰明了。物质和日常知识既不是，也无须是言语知识的范畴。

在某些情况下，物质文化的不被言及、隐匿的意义可以策略性地运用于社会关系中。比如，居于社会统治地位的男性无暇有意识地讨论或者规范日常生活器物，女性可以通过使用这些器物微妙而有效地宣示她们的社会地位。但是，这却难以总结通则。在其他社会里，关于物质的意义和它们在聚落中的空间布局的真实知识可能由少数精英控制。统治集团可能通过严守世界如何组合在一起的知识巩固自身地位，统治集团成员可能有意识地误导不谙此道者（比较 Barth 1975）。在这种情况下，民族考古学家要识破言行之间的关系，何其难也。

然而，大多数混淆只是讲述人寻求从民族考古学家手中牟利的直白谎言的结果。比如，在我的巴林戈田野中，陶罐年代可能被明显夸大，因为他们认为我想购买陶罐（和更早在当地工作的人类学家遭遇一样）。因此，让当地人知晓你毫无购买念头就变得很重要。其他有意误导的原因不可胜数，也许研究者的年龄和性别都不适宜、当地曾经有过白种人殖民势力施虐的历史、传教士宣扬对传统活动的歉疚感、翻译未受尊重，甚至希望测量陶罐和垃圾的民族考古学家被视为不值一顾的傻瓜。

所见和所听之间缺乏关联的另一个原因是理解问题。不管研究者尝试学会本地语言还是使用翻译，都可能存在诸多误解。事实上,最善意的讲述人也可能无法理解和回答提出的问题。宾福德(Binford 1978)回顾道,他最初向纽纳米特(Nunamiut)爱斯基摩人提出的问题都没法得到直接回答,这颇让他感到受挫。

民族考古学家的出现可能意味着人们行为有别,因此,他们所说和所做的可能与平时观察到的大相径庭。旁观者常常改变了被观察的局势。耶伦(Yellen 1977:289)讨论了食物如何在社会中分配,但是这包括了分配给人类学家的食物。旁观者含糊的位置和立场可能导致营地里出现分配食物和行为的全新方式。

考虑到话语和非话语并不始终同一,同步程度取决于文化和情境,我们就需要检验联系想象和现实的模式。耶伦(Yellen 1977)以对布须曼昆人(!Kung Bushman)的研究为例予以说明。实际上,每个昆人活动范围广阔,社会纽带松散,但是昆人自视为松散界定的地域集团的成员。耶伦(Yellen 1977:48-49)提出一个模式,上述相互矛盾的两个侧面实际上是同一个系统的组成部分。形式上的游团地域模式提供了一个智识框架,以便判断不同的个人行为及为之辩护,大致预测他人的反应。但是,在昆人环境之中,存在着快速和灵活地适应的需求。因此,在长期层面上,就出现为了调整人口分布的个人变化和移动。

随后章节提供的其他范例将说明观念和实践可能不一致的结构方式。但是,在分析马达加斯加墓葬中与日常生活实践相对的想象成分时,布洛赫(Bloch 1971)证明,物质世界多多少少比非物质世界更"真实"的假设是不正确的。两个侧面相互依存,在同一个文化单位中相互补充。

考虑到言辞和观察所得信息不尽相同这一普遍"问题",有的考古学家抛出了此前已经提及的"解决方案"(38、39页)。如果我们接受戈尔德的唯物主义立场,"问题"就"迎刃而解"了。沃博思特(Wobst 1978)提出,民族志研究得到记录的行为,而考古学家研究真正的行为。施斐尔(Schiffer 1978:235)从更极端的视角出发,提出民族考古学家应该仅仅观察实际行为,而不应费事研究口头报告。正如已经提及的,这种方法首先是无法实现的,民族考古学家一旦出现在动态环境之中,就影响和改变了行为。他越是试图置身局外,就越多地改变了观察的结果。这种唯物主义方法也会束缚科学研究,因为这样就难以找出与被观察资料相关的根本问题,诸如在哪里、在何时、由何人制作陶罐,或者谁是陶工的兄弟。同样,它也无法检验言语和非言语知识的重要的双向关系,以及在社会、意识形态和文化情境中检验物质行为。

民族考古学家不应回避这个问题,以业余人类学自娱。民族考古学家将观察行为及其产物的训练带入人类学,但是单靠这种观察就足以解决的问题几近于无。民族考古学家必须同样面对如何检验讲述人所言、所感和所释的问题。

如果事先得到社会学家和其他接受过采访技巧训练的学者的建议,田野之中可以增加问卷调查。这种方法常常包含以判断题形式填表。尽管这种方法适用于某些研究问题或者文化,但也暗藏种种危险。比如,在众多国家中,讲述人回答是或者否取决于提问语气;讲述人刻意提供讨喜的而不是正确的回答。这类问题可以通过在问卷调查中采用交叉检查法得到抑制。但是,以僵化手段评估所有年龄、性别和肤色偏见,就会困难重重。

在诸多个案中,讲述人会发现问题含糊不清。在存在诸多意义的微妙之别,无法以预先设计的调查表解决的异文化中,这个问题尤其突出。问卷调查技术最严重的缺陷可能是研究者无法被引向新路。迄今为止,探寻未知领域的最佳之道还是倾听和学习。

吉尔伯特·路易斯(Lewis 1980)对新几内亚格瑙人的研究就是这种方法的极端但高度有效的范例。尽管可以使用录音机,但是人类学家出现在现场常常干扰了场景。于是,路易斯将录音机留给谈话的人们后就离开。研究对象逐渐习惯布置在周围的技术设备,可以熟视无睹地谈话和进行仪式。民族考古学家常常希望录制视觉信息,但由于远程连续拍摄并不现实,更大的干涉不可避免。事实上,如果可能的话,参与和融入被研究群体也有众多优势。更密切的交往可以增进理解,在学习语言的过程中,最初的不信任可能消融。在一定程度上融入当地社会的长期逗留中,有可能使用各种录音程序:(a)东拉西扯的闲聊的录音、(b)研究者诱导讲述人到特定话题的半开放式谈话的笔记或者录音、(c)直接观察和录音。

非常清楚,在很大程度上,参与式观察的运用程度取决于研究问题的本质。对基于环境特征的区域性聚落模式的研究可能不必像关注礼制意义的研究那样,亟须理解言语信息。然而,我无法想象,任何研究可以在全然不顾文化所有者自身阐释的情况下获得成功。全然否定讲述人对其自身局势的分析是文化和智识上的恃强凌弱。考察事件被表述的理由与外在观察者对关联和互动的认知之间的关系，其重要性不言而喻。

和访谈技术一样，样本设计也受到提出的研究问题的影响。分析者究竟对行为的哪些侧面感兴趣，结论需要达到什么样的确凿程度，都决定了需要探索多少村落、区域、房屋、陶罐或者人群。如果问题相当直接，譬如聚落规模和居住期限的关系，采样理论就有众多公式帮助判断多少才是充足的随机样本（比如，聚落）（Mueller 1975；Cherry, Gamble, Shennan 1978）。然而，常常有无法计数的问题有待检验，因此需要对样本规模的更主观的评估。

样本设计的主要问题可能涉及考古和现存聚落布局的差异。在现实环境中，器物甚至房屋被不停地移动，可能（尽管取决于特定文化）无法"定格"于特定时刻的聚落地图。民族考古学家可能对这种移动性情有独钟，但是他的记录就不仅受到移动的速度和频率干扰，也受到器物功能变化、村落搬迁、房屋再利用等等的影响。器物的"标签"可能对讲述人而言毫无价值，或者招致反对。对于面对这些问题的民族考古学家而言，迄今仍缺乏参考指南。特定的解决方法取决于被提出的问题、环境和工作的难易程度。

在任何社会里，每天、每季和每年不同时间的行为和器物的使用上变化显著。与环境和气候波动、历史及外在政治事件相关的长时段上也存在变化。考古学家可能特别着迷于记录行为的不同范畴,所得结果就可以和考古学组合模式进行比较。因此,长期跟踪和不断回访是不可或缺的,这意味着必须参与到社区之中,以及学习可能尚未发表语法研究或者字典的语言。现实中,民族考古学家抵达研究现场之时,可能妇女们正在田间忙碌,无暇安排访谈,也不能观察家用工具和工艺。因此,民族考古学家有必要在田野现场至少花上一年时光。

在异国进行民族考古学田野工作的其他实践侧面完全依田野所在国的法律及该国与研究者来源国的特定关系而定,并无通则可言。当然,无论在法律还是伦理上,获得必要的研究和旅行许可非常重要,大使馆常常是不错的起点。对于众多第三世界国家,处理申请一般耗时半年到一年,结果还有可能不妙。因此,计划必须及早启动,并且要有后备方案。众所周知,很多国家对于人类学家寻找传统"原始性"高度敏感。那些已有工作基础,研究目的陈述清晰而诚恳的申请最易获得成功。

总之,在开展民族考古学田野工作时,考古学家需要意识到对被研究的国家和人民、对未来可能在同样或者类似地区工作的人类学家的责任。他们的工作也取决于早期研究者建立的良好关系。

参与民族考古学田野工作也需要认识到任务的特殊性。我们必须超越人类学家,也要超越考古学家。民族考古学与考古学差异明显。但是,它也有别于人类学。第一,它特别关注物质文化。物质构成的世界,包括从精美绘画到火塘的万物,是超乎寻常的广阔领域,相对于语言符号,物质的模糊性、物质组织的非言语本质，都有助于将物质文化定义为显著不同的分析领域（更多讨论参见第十章）。第二，民族考古学涵盖，而且关注日常习惯行为，而不仅仅是社会的仪式和神话。第三，正如已经提及的，民族考古学家接受训练，观察可与书写或者口述信息相比较的行为。通过所有这些甚至其他方式，民族考古学成为关注自身特定问题的田野研究领域。民族考古学家不仅需要熟练掌握人类学田野技术，也必须意识到其他问题，有的我已经在本章中列出。只有当民族考古学进一步完善时，我们才能全面地写出适当的田野技巧和偏见。

第三章　考古学记录的形成

在稍微了解考古人类学及其作为民族考古学的实践历程之后，我们就可以检验初露端倪的部分结果了。我们有必要评估已经涌现的类比，提出已见成效和将会大有斩获的民族考古学类型。第一章提出了类比令人向往的各个侧面，我们将在对考古学记录的形成、器物成为地下埋藏的过程、被扰动及保存至今的后埋藏过程的讨论中，逐一探求。

然而，泾渭分明地区分埋藏和后埋藏过程却委实不易。器物被人类的脚或者牲畜的蹄足踩到地下，这究竟是埋藏过程，还是后埋藏过程？按照施斐尔的定义，这究竟是自然转型，还是文化转型（Schiffer 1976）？如果模型的不同部分之间能建立起某些自然关联的话，可能更易于提供恰当的关系类比。因此，从甚少被人类或者文化干扰的后埋藏过程着手，不失为适宜之道。

后埋藏

举个例子，房屋建立之后，腐朽和坍塌可能纯为自然过程。图7的房屋都以类似方式坍塌。没有简单地轰然倒地或者向心坍

图 7. 肯尼亚巴林戈地区倒塌的窝棚

塌，整座房屋旋转沉向地面。墙柱扭曲，导致柱洞、水沟和栽柱的泥墙的变形有迹可循。民族志个案提醒考古学家，在发掘史前圆形房屋时，应该寻找这种柱洞形态和角度的模式。这种信息可能表明，房屋是在被遗弃后才以自然过程坍塌，而不同于图 8 赞比亚个案中的有意挖掘。在那里，当老年男主人去世后，窝棚就会被挖掘出来，予以摧毁。这些后埋藏过程的痕迹显著不同于巴林戈窝棚。然而，我们不能假设所有圆形房屋都会发生旋转式坍塌。肯尼亚个案中，栽柱甚浅，屋顶直接压在墙柱上，都导致这个过程更容易发生。尽管如此，通过基于广泛可见的物理原理的类比，我们可以检验不同结构的圆形房屋的坍塌方式。

图8. 赞比亚西部姆邦达人（Mbunda）村落中拔除立柱 他们还要挖掘深达立柱基层的壕沟。

面对由未经焙烧的泥坯或者泥砖搭建的房屋时，考古学家需要特别的辨识和阐释技巧。民族志可以提供的帮助取决于近似的生态或者土壤条件。通过对西非当代村落（西加纳的哈尼[Hani, Western Ghana]）中泥墙颓毁过程的研究，麦金托什（R. J. McIntosh）提供了诸多证据，有助于解释附近的考古遗址贝荷（Begho）的遗迹（McIntosh 1974）。然而，他的若干观察可能引起更广泛的兴趣。据估算，如不加修缮，泥坯房屋的寿命不过二十年，但精心维护的话，则可超过七十年。泥坯建筑最薄弱的部分是墙基地脚。屋顶滴水，扫除时洒水，以及墙体中输送可溶盐的毛细管水流都会导致裂缝（图9）。建造时，墙体一般掺入瓦砾碎片和其他垃圾。墙体朽败时，相对于更重的瓦砾碎片，轻盈、细小的颗粒更容易脱离墙体。在贝荷考古遗址，这些特征在剖面上

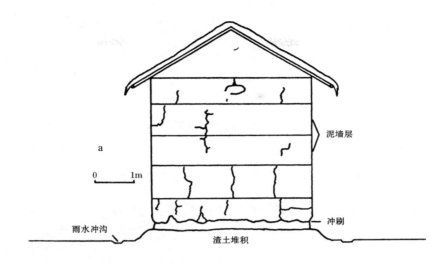

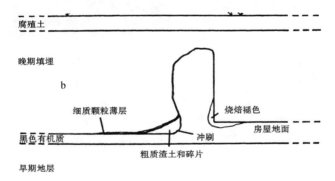

图 9. 加纳土坯泥墙的颓坏　a 现代村落中的毛细管开裂；b 考古学剖面上的泥墙残余（未按比例尺）。(McIntosh 1974)

极为清晰（图9）。

考古学家遇到的使用之后经历自然衰败的众多其他遗迹类型中，最为常见的可能是灰坑。不论形态、规格或者功能，在没被彻底填满之前，灰坑一度是敞口的。赞比亚西部的垃圾坑常常就是在这个阶段停止堆积的（图10）。土坑遗留的微微凹陷的浅窝中会形成其他类型的垃圾堆积。洼地中容易形成旋风，将各种有机物和其他垃圾细屑堆积其中。灰坑顶部会形成由细屑构成的紧密土层，成为聚落周边的细小物质的切片样本。英格兰的一处铁器时代遗址的发掘中，灰坑顶部发现细屑构成的紧密土层，其物质成分不同于灰坑其他部分（Hodder 1982a）。现在看来，铁器时代灰坑顶部土层可能就是与赞比亚所见相同的过程形成的。

a

b

c

图10. 赞比亚西部村落中不同堆积阶段的坑洞　a和b坑洞用于倾倒家用垃圾，坑洞周边的木桩用于警示路人和牲畜；c一个停用的坑洞装满了风积物质。

尽管在上述个案中，我们必须留意物质、气候和环境的相似性，但是，由于关联法则至少部分意义上与广泛可见的自然过程相关，类比的使用看起来可信。关系类比也可以解释影响了骨骼遗存的各种非人工力量。

在"埋藏学"这个分支里,早期民族志工作包括布莱恩(Brian)对荷腾托特人(Hottentot)骨骼垃圾的研究和李(R. B. Lee)对布须曼人废弃营地的研究。艾萨克(Issac 1967)对东非阿舍利时代遗址奥罗格塞利(Olorgesailie)的骨骼资料的阐释提供了此类研究的样本。考古遗址上,与密集分布的器物共存的骨骼数目差异显著。很多遗址仅仅保存了细小骨屑和少量牙齿。这可以归结为自然原因吗?为了回答这个问题,在奥罗格塞利周边,55件大型骨骼和骨骼残片(长度达到5—20厘米)和超过60件骨屑被掩埋在地下。图11显示了四个月后的情形。食腐动物和各种自然施动者扰动了大部分垃圾,大部分大型骨骼被完整地带离现场。因此,在考古遗址中,仅见少数骨屑并不必然意味着大量肉食不是在遗址内加工处理的。

受到食腐动物影响的骨骼组合的其他特征可以通过观察兽穴进行检验(如Crader 1974; Hill 1980; Binford 1981)。这些工作是在达特(R. Dart)、瓦什博恩(D. Washburn)、阿德莱(R. Ardrey)和布莱恩关于早期人类(南猿)遗址的骨骼组合的争论基础之上发展而来的。在这些遗址中,动物遗骸的某些部分过多,而其他部分又明显不足。这究竟意味着这些骨骼被用作工具,还是骨骼组合受到食腐动物的影响呢?艾萨克记录了对鬣狗出没的洞穴中的骨骼的初步研究(Issac 1967)。这和其他工作一起表明,狗、豺和鬣狗的啃咬会产生特征鲜明的组合。部分意义上,这些特点是不同类型骨骼的不同组合、密度和成熟度造成的。这里也有能对考古组合进行通则化总结的自然过程。食腐动物采集的动物骨

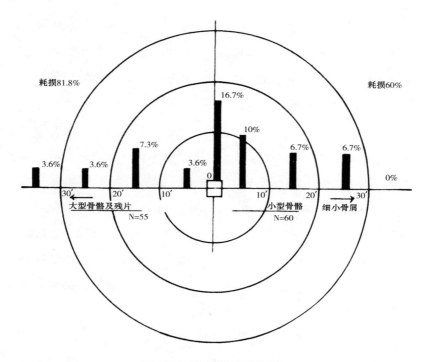

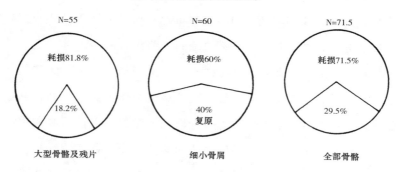

图 11. 食腐动物和自然施动者造成的骨骼分布　上：从圆心向左的柱状图表明在同心圆分区上大型骨骼的分布，从圆心向右表明小型骨骼的资料；下：骨骼耗损图示。耗损率全部采用最低估值。（Isaac 1967）

骼常常带有显著特征，比如肋骨与肢骨的特殊比例关系。通过与民族考古学组群比较，我们发现，见于英国洞穴的众多旧石器时代居址骨骼组合可能实际属于食腐动物（与 K. Scott 的私人通信）。

在前引艾萨克和克瑞德（D. C. Crader）的研究中，仅有细小骨骼保存下来。有时，这可能是吉佛德和本瑞斯梅尔详尽研究的另一种自然过程的结果（Gifford and Behrensmeyer 1978）。在肯尼亚的图卡纳（Turkana）地区，达桑尼奇人（Dassanetch）觅食途中建造的营地供八人停留四天。吉佛德观察到，在营地里，猎人们捕获和食用了 40 只淡水龟、4 条鳄鱼、14 条鲶鱼、2 条鲈鱼，以及被狮子猎杀的两匹斑马的 15 公斤腐肉。当他们离开营地时，骨骸散布在 17 米见方的范围，其中火塘周边 3 米见方是最密集分布区。骨骸的分布逐年不同。遗址保存的骨骼仅仅只是部分骨架，以及被分解成碎片的部分。这些骨骼之所以能保存下来是因为骨渣碎片容易被踩到地下，使其少受雨水冲刷或者动物啮咬。

上述所有研究中，作者们都竭力强调，只有在可以证明环境类似的情况下，他们的民族考古学数据才能用作过去的类比。由于类比的不同侧面之间存在已知关联，环境的相关侧面（雨水、风力、食腐动物等等）才能得到确认。模型建立在已知的自然过程基础之上。这里尚未尝试考虑人类或者文化因素。在思考埋藏过程中，它们更为重要，我们应该就此进入应用问题。

埋　藏

一个屡被提及的讨论出发点认为，在众多社会中，当聚落废弃时，罕有器物会遗留在现场。移动频繁、行囊空空的游牧族群更是如此（诸如 Robbins 1973 中的图卡纳［Turkana］研究）。形成图 7 和图 12 遗存的部落兼营少量农业，但总体上仍是游牧者。除了几个破葫芦和骨头外，废弃的聚落之中几无发现，遗弃物完全不能代表居址上一度开展的活动。然而，遗址上居民遗弃物总量与移动频率和经济类型并无直接关系。事实上，我们可以提出，由于游牧者必须"轻装上阵"，他们理当在聚落上遗留更多，而不是更少。遗址上该遗留什么和不该遗留什么与文化价值整体相关，而这尚未成为民族考古学出版物的主题。

图 12. 肯尼亚巴林戈地区一座废弃的窝棚内部　用作床架和支撑顶棚的木柱依然可见。

至少非常清晰的是，遗址上的残迹只是一度发生的活动的扭曲复本。遗址上的器物和建筑常常经历了长期的使用和再使用过程。在赞比亚西部的罗兹（Lozi）地区，破碎的陶罐和陶片用于各种目的，从饲畜到蓄水（图13）。再利用过程意味着最终发现陶片的地点可能与陶罐的原始地点和功能相去甚远。奥森施拉格更为详尽地提供了当代伊拉克南部陶器再利用的范例（Ochsenschlager 1974）。这里的库齐（kuzi）类型陶器如果完好无损的话就盛水或者盛盐；如果开裂，就用于存放谷物；如果破损，大块陶片在庭院中用于饮驴饲鸡，在室内则收纳存放少量杂物。

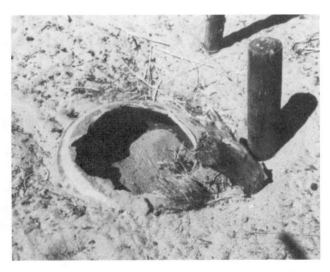

图13. 赞比亚西部的残损陶罐　赞比亚西部一个罗兹人村落中，一片破损的彩陶片被扔在地面上，用于承接雨水。

房屋和其他建筑也会被再使用。喀麦隆的富拉尼人（Fulani）社区中，建筑被不断当作起居房、睡房、客房、男人房、未婚青年房、厨房、仓储房和畜栏等加以再利用（David 1971）。在新几内亚，柯蓝斯通和海德尔也注意到，窝棚内每个人的位置被持续不断地重新安排（Cranstone 1971；Heider 1967）。这种重新利用明显影响了考古遗址中重建社会组织或者功能范畴的尝试。新几内亚的都谷达尼人（Dugum Dani, Heider 1967）中甚至出现更严峻的问题，一旦居址被遗弃，它可能会被翻掘，改造成园苑，一度存在的建筑的所有柱洞和痕迹都毁于一旦。

考虑到所有这些问题，如果考古学家观察近期才被遗弃的营地，发现难以重建相关活动和社会组织，就司空见惯了。一度居住，或者知晓营地的讲述人都无法证实考古学家的所有猜测（Bonnichsen 1973；Lange and Rydberg 1972）。然而，我们必须从这些"搅局者"以及困难和复杂的负面清单中挣脱出来（Yellen 1977）。遗弃及再利用过程毫无疑问是复杂而多变的，我们必须检查多样性的成因。一个假设可能是，建造所需的资金或者劳力越少，建筑与人的适配度就越高。这个表述背后的论点是，劳力投入较少的建筑可以轻易重建，以满足变化的需求。这是一种完美适合我们自身的西方文化情境的省力、讲求效率的观念。但是，我们也可以提出完全对立的主张：资金投入越少，适配性越差。此处的论点是投入较少的建筑都是不怎么重要的，适用于不同的功能和人群。非常清楚，按照这种推理方式，施加虚假逻辑的论争是劳而无功的。我们有必要阐发在确凿的文化情境中检验遗弃和再利用行为的关系类比。只有当我们理解了特定个案中的文化关联时，才有望推导出通则。

埋藏过程的其他研究也表明亟须检验文化情境。耶伦和宾福德关于狩猎—采集者的营地活动是否会形成本土化遗迹的争论取决于一系列尚未得到研究的文化情境因素（Binford 1978）。类似问题也见于为何骨骼组合中首端和末端骨头并不均衡，或者耶伦提出的维修工具的多样化程度与居址使用年限有关的论断（参见 Binford 1978）。所有这些个案都没有触及物质文化模式和关系的文化原因。

在埋藏过程和社会变量的关系上，我们可以认为存在某些自然或者必然的因果联系。大卫提出，常用、易损的陶罐在遗址组合中的出现频率高于罕用而结实的陶罐（David 1972）。"使用史"影响器物组合是数学必然性。人类行为也有必不可少的约束。亚利桑那大学校园遗弃物的研究发现，小物（4英寸以下）会被随处乱扔，而大物则会被扔到垃圾箱里（Schiffer 1976：188）。人们一般认为，小物不易被发现，也不易引起路人的厌恶，因此就不太容易整齐地码放在特定的垃圾区域。小物不容易持握，更容易掉落。我们可以认为，这个模型取决于人类视力和手指灵活性的基本特征。怀特和莫杰斯卡（White and Modjeska 1978）在新几内亚的一项相关发现是森林里的大型石斧可能是"特意"扔掉的，因为如果遗弃在营地，很可能会被发现和重新使用。移动频率和营地里的更大可见度导致大型石斧常常见于森林之中。

当然，这也取决于器物被赋予的价值和使用特征。无论施斐尔、怀特还是莫杰斯卡都没有检验不同规格的器物被遗弃的整体文化情境。我们有必要探索高价值器物是如何管理的，也就是在最终被遗弃之前,如何存放、保养、再利用和重造它们。

宾福德明晰了管理(curation)的概念(Binford 1976),尽管我们也要注意到,他的贡献只是描述和定义,而非阐释。宾福德发现,纽纳米特爱斯基摩人的诸多工具得到精心管理。工具在猎人们中流转。工具会被送回聚落或者居址维修,也会产生废品。但是,工具本身会被随身带走,常常在远离营地的地方遗弃或者丢失。在这种情况下,在遗址器物组合中,副产品(比如骨骼和食物残渣)和工具之间没有关联。事实上,宾福德对有或者没有管理的社会做出了一系列判断。比如,在没有管理的社会中,"其余相同"的情况下,器物组合中工具越多,工具制造过程产生的废料也就越多;在存在管理的社会里,工具总数和工具制造废料总量之间并无关系。

在这些论断中,宾福德清晰、详尽地界定了管理涵盖的内容,为考古学家提供了对社会进行分类的另一种方法。但是,为了让这种信息成为具有阐释价值的类比,我们需要了解产生管理的过程。为什么有的社会注重或者忽视管理?因为大多数社会管理特定的器物,一个更现实的问题可能会关注为什么某些器物,而不是其他,得到管理。回答这些问题的尝试聚焦于能量和劳力投入。可能有人宣称,一件器物上投入的总能量越大,它就越不易被抛弃,直到其使用生命终结。尽管在西方社会,高价值、善加管理的器物是投入能量更多的,这是否适用于所有社会还有待证明。即使纽纳米特人最大化地使用他们的物质,我们对文化情境仍然所知不多,不足以理解为何如此。

正如第一章和第二章所示，支持类比的方法之一就是展示所述过程广泛见于众多文化。阐释和洞见并非源自特定的文化情境，而是变量协变。因此，检验人们为何以不同方式埋藏垃圾的方法之一就是进行跨文化调查。莫瑞使用这种技术检验了施斐尔的通则。施斐尔认为，对于活动中使用并遗弃在遗址中的所有物质而言，随着居址人口增长（或者居址规模扩大）和密度增加，活动和遗弃地点之间的关联度就会降低（Murray 1980）。

莫瑞分析了人类关系地域档案（Human Relations Area Files）中的 79 个文化群体。她试图寻找迁徙族群和定居族群在遗弃行为上的差异。莫瑞表明，在两类社会中，她都遭遇到界定生活空间的困难。她发现，在迁徙族群里，垃圾常常被带离生活空间，而生活空间被界定为以火塘为中心或者围地内的露天空间。在定居族群里，生活空间则指必须保持洁净的窝棚内部。显然，垃圾和内外活动空间之分相关，但是，迁徙和定居族群是否显著有别，这个发现能否"检验"施斐尔的通则都不得而知。

莫瑞坦承这些困难，但是在所有跨文化调查中，还有不可避免的其他问题。比如，被研究的定居社会在多大程度上更容易被西方传教士和政府控制？赞比亚的罗兹人是定居族群，他们保持房屋整洁，挖坑填埋垃圾。但这并非传统做法。这是殖民政府和现代政府的卫生检察官引介进来的。民族志社会常常缺乏独立性，会误导关联。我们所知的高尔顿问题（Galton's Problem）就提出，特征要么是独立生成的，要么由于传播而广泛分布（McNett 1979，41）。"自动关联"效应意味着并无因果关系的特征之间，碰巧由于传播造成的重叠而形成高度关联。

非常清楚,因为种种原因,我们可能在不知动因的情况下确认关联。事实上,这就是当分析者对特定关联的动因知之甚少,不得不从自身文化背景中提取思路的跨文化调查的特征之一。比如,莫瑞提出,在长期居址中,废弃物会造成"(恶臭、不美观等)不适,安全或者卫生危险,或者对活动空间的限制"(Murray 1980:492)。这显然是将欧美生活标准强加在民族志材料上,尽管莫瑞可能正确地提出动因,但仍然有必要通过更详尽地检验文化情境,证明关联。换言之,有必要发展关系类比。

历史情境的研究推动了对埋藏过程的关系类比的发展。迪兹(Deetz 1977)注意到,在北美 17 世纪的考古遗址中,垃圾只是从房屋里"胡乱"抛出来,在我们看来,这常常危及门庭。房屋旁边的猪和鸡会吃掉可食用的部分,剩下其他的部分慢慢地被泥土覆盖。此外,器物会被踩成碎块,混杂起来。1750 年后不久,人们挖掘深达 7 英尺的方坑,填埋家用垃圾(器物和食物残渣)。遗存保存状况不错,常可见到大块遗物。

在行为意义上,遗弃习惯的改变与人口规模和密度的增加相关。但是,迪兹表明,不同遗址的人口密度不同,但同时开始挖掘垃圾坑。遗弃习惯的变化与传统的其他变化保持了步调一致,因此,迪兹提出,这与 1750 年前后世界观或生活方式的转轨相关。1750 年之后的垃圾整理等同于食物的整理和分类、分餐取代合餐,以及态度上的其他变化。这是从公共向以个人为中心,关注平衡和秩序的整体转向。物质变化进一步与宗教的中心地位的变化、社会转向自由竞争重商体系和科学革命相关。

尽管这些变化之间的关系还有待梳理，垃圾重组如何影响了个人和他们的社会策略尚未得到完整讨论，迪兹已经提出了极其重要的观点，遗弃行为和对污物的态度是更为广泛的文化价值的组成部分，必须通过文化价值进行阐释。

也许令人惊讶的是，当代年轻考古学家并没有更多地意识到遗弃行为的文化和历史情境的重要性。这一代的很多人在20世纪60年代曾经是嬉皮士，或者知晓嬉皮士。至少在英格兰，很多嬉皮士将污物、无序、蓬头垢面当作针对居于统治地位的成人世界的对抗形式之一。污物和垃圾成为抵制的形式。统治集团眼中的污秽之物就被用来对抗和骚扰他们。

奥克雷极富洞见地观察了一个不同但相关的过程（Okely 1975）。在这个个案中，少数群体不是中产阶级年轻人而是吉卜赛人。奥克雷检查了吉卜赛社会中的象征和污染禁忌，她特别注意到女性在这种情境中的重要地位。她的分析并不涉及抽象术语。与迪兹的范例不同，她全面分析了社会和经济情境之中污物的象征主义运用。

吉卜赛人在从属的大型社区中拥有独特的生态定位。经济上，他们直接依赖于定居社会，为其提供物品和服务。通过发挥移动能力，不拘泥于一行一业，他们填补了供需系统中的不时之需。此类工作大多是低等级的，与大型非吉卜赛人定居社会的"垃圾"相关。拾荒者翻检定居社会界定的垃圾，对于被蔑称为食腐者，他们早有心理准备。定居社会和吉卜赛人在土地使用上存在冲突，道高一尺，魔高一丈。但是，当直面定居社会权威时，吉卜赛人会采取屈服、谦卑的姿态。

奥克雷提出，由于经济定位以及更大的社会赋予的价值，吉卜赛人甘冒自我贬抑的风险。这存在丧失自尊，非现实感陡增的危险。作为整体的吉卜赛人融入社会的尝试不断遭到他们的低等级地位的威胁。作为应对，吉卜赛人试图通过根本性区分身体内外，象征性保护内在自我。带有遗弃物特征的肌肤、累积的泥垢、毛发之类的副产品、粪便之类的废物，都有可能产生污染。外在身体象征着外在、公共的自我，展现给本身就被定义为肮脏的定居社会。内在身体则象征秘密的、种族意义上的自我。

这个观念构成了考古学上一目了然的聚落垃圾模式（和物质文化其他侧面）的基础。这些态度形成了考古学记录。吉卜赛人大篷车内与保持身体内部洁净的需求相关，就干净得一尘不染。所有将进入身体的食物必须仔细地、礼制性地清洁。被非吉卜赛人视为营地的外部则可能肮脏，垃圾粪便横流。这是非吉卜赛人预期的外在世界，但是在一定程度上，垃圾骚扰和威胁了非吉卜赛人，赋予吉卜赛人在定居社区中灵活而有力的地位。

从考古学记录的形成看，物质文化的其他侧面也满足此说。吉卜赛人精心准备膳食，残渣展示出精致、复杂的准备过程。洗涤习惯是关注重点。餐具和擦拭餐具的茶巾绝不可在洗手、身体或者衣物的盆中清洗。用于其他活动的洗涤盆永远是肮脏的，从不清洁。个人清洁盆和洗衣盆也可能造成污染，常常放在拖车外。个人清洁盆必须显著有别于洗涤盆（比如一个是塑料的，另

第三章 考古学记录的形成 65

图 14. 英格兰东部的一处吉卜赛人营地

一个则是不锈钢的),否则其他吉卜赛人可能指责混淆两者的妇女。家庭中的每个成员都有自己的杯子。更概括地说,这是器物各有其用,活动各有其所的模式。类别之间,泾渭分明。与之相反,非吉卜赛人定居社区的厨房洗涤槽有多重用途。吉卜赛人要么扩大洗涤槽,要么预订没有洗涤槽的大篷车,转而使用各式盆子。

因此,这是一种组织垃圾,形成空间和器物的对比、分类和区分的特定类型。这关系到被统治、被鄙视的群体通过内在和族群纯洁的象征,赢得自尊的模式。和嬉皮士一样,外部污物是社会反抗的有效策略,它维系了特殊的经济空间。吉卜赛人个案与考古学密切相关。让我们想想依附性少数族群,比如农业社会周边的狩猎—采集者群体。我们需要更多的民族志研究来检验这些关系。

妇女的社会地位也是同一模式。奥克雷表明,吉卜赛女性在纯洁观和与非吉卜赛人的关系中占据中心地位。吉卜赛女性成为纯洁的吉卜赛男性和不纯洁、有污染的非吉卜赛人社会的中介。她们从非吉卜赛人社会带回食物，为男性烹饪，并且确保它们已经净化。女性承担在非吉卜赛人社会里挨家兜售商品的"使命"。因此，她们和非吉卜赛人社会的男性打得火热，存在群外性行为玷污吉卜赛族群的危险。吉卜赛男性因而对女性的纯洁和举止有着严格的控制。童贞、一夫一妻制、禁欲和正确遵循净化仪式都得到强调。但是，女性也有无声的"权力"，她们可以以把不洁传染给男性作为威胁。更常见的，玛丽·道格拉斯（Douglas 1970）提出，当男性支配女性的绝对权力与女性独立和逃避惩戒的能力相冲突时，就可能出现强烈的污染感，污物及其容器的模式应运而生。事实上，两种模式并不冲突，在吉卜赛个案中，女性地位与族群边界局势相关。考古学上可以观察到墓葬情境中的男女差异。更一般而言，我们必须确认女性拥有潜在权力的社会类型的结构性模型（关系类比），寻找不同类别的证据，分类和比较聚落遗存及生活空间的使用。

　　吉卜赛人处理垃圾行为的两种原因也有助于解释苏丹中部努巴人部落的垃圾模式。我已经另文详细讨论了相关资料（Hodder 1982），为了强调文化价值塑造垃圾遗存方式的考古学可见性和相关性，此处予以简要介绍。和吉卜赛人一样，努巴人也是大型社会中的少数族群。历史上咄咄逼人的阿拉伯人占据了广袤平原，努巴人形单影孤地生活在周边的山地上。两个族群之间存在紧密的经济纽带。努巴人高度关注纯洁和防止象征性污染。最强调纯洁性的努巴人群体——麦萨金人（Mesakin），与阿拉伯人的经济纽带却比另一个努巴人群体——莫罗人（Moro），更为紧密。

此外，麦萨金女性拥有不可小觑的社会影响力，在支配子女和资源的权力上存在模糊和冲突。在莫罗人更严格的父系血缘系统中，男性对女性的支配权甚少遭到反抗。因此，依照上述模式的视角，麦萨金人更强调纯洁与非纯洁之分。

不同的社会和文化态度是如何在物质遗存中表现出来的？比如，麦萨金人分别扔弃与男性相关，因而被视为纯洁的牛骨和与女性相关的猪骨。在考古学记录中，我们再次见到吉卜赛个案中的分类。麦萨金人经常容忍生活围地上覆满污物，部分意义上，这可能是因为动物可以放养在生活区域内造成的（图15）。对我们而言，在这样的地面上烹煮和进食令人难以忍受。强加我们自身态度的危险显而易见。麦萨金人能够生活在如此肮脏之中，是因为他们竭力象征性强调保护食物和身体。污物具有多种功能：反抗阿拉伯人的洁净感，因此麦萨金人可以应付令人憎恶的弱势地位，也能弥合男女之间的张力。污物威胁了阿拉伯人，在生活区域中又与女性相关，因此具有双重意义。在男性看来，面对社会中真实的女性权力时，污物有助于建立女性的臣服地位。对于女性而言，她们与污物的外在关联威胁了男性，支持了女性的抗争和撤退策略。第八章将进一步检查努巴人洁净观的更多侧面，这里，我们提出，在检验人们为何以不同方式处理垃圾上，考古学具有重要价值。

图 15. 麦萨金努巴人居址内部　a 和 b 是麦萨金努巴人两处围地的内部，尽管他们的饮食宿行等日常活动都发生在围地内，但那里垃圾丛生。有的垃圾是由动物排泄造成的（如图 15b 中的猪仔）。

结 论

本章关注形成考古学记录的埋藏和后埋藏过程的可靠而有效的模型。讨论以器物如何埋入地下为中心。随后章节将讨论物质文化与人类行为和观念的关系的更多侧面。

在寻求可靠地使用的关系类比时，将涉及自然和文化过程。对于后埋藏行为而言，在动物习性、骨骼的物理特征、水力和风力运动上，都可参考自然法则。在这些过程中，对于确认、运用与类比相关的既往环境，我们胸有成竹。我们知晓为什么特定的自然过程（比如水从屋顶滴下来）造成特定的考古学遗存（比如泥墙墙基破损），我们可以通过确认是否存在相关环境（类似的气候和环境、有顶房屋的考古学模型、建筑土壤和基体属性）来支持类比。

但是，一旦进入人类过程中，诸如聚落中如何遗弃垃圾，就几乎没有自然约束。人们难以赤足行走在散布打制石器碎片的场地，也不会坐在烟火的下风口。但是，对污物的容忍程度则与社会和文化相关，我们需要进行情境研究，检查人们为何以不同方式整理污物，他们对污物的不同态度，以此作为不同的社会和经济策略的组成成分。它无助于判断，在跨文化意义上，遗弃行为是否与其他社会—经济变量相关。如果我们知道为何特定的社会过程（比如在更广泛的主流社会中，弱势群体如何应付被统治地位）导致特定的考古学埋藏组合（诸如用具、盛具和活动的分类，内部"洁净"区域与外部"肮脏"区域的区分），我们就可以通过判断是否存在相关条件（经济上相互依存、冲突、小型平等社会、被统治集团、维护族群边界的其他证据、对身体的关注等等）支持类比的运用。我们有必要将在吉卜赛人中考察遗弃行为的社会和历史动因的工作推广出去。

至关重要的是，我们必须运用情境研究，与将现代西方中产阶级价值观施加在民族志和考古学资料之上的倾向划清界限。现代观念中，两种广为流传的核心成分分别是以效率和能量最大化为标准的价值计量，以及以洁净为尊的维多利亚修正观念。在本章中，我们已经看到，若干民族考古学家视之为放之四海而皆准的观念。事实上，它们并不是，我们不仅需要意识到这个事实，也需要建立这种观念导致什么变化，以及由什么引起的模型。

第四章 技术和生产

考察了器物如何被埋入地下、是否被扰动及破坏的类比之后，我们就可以着手讨论在被破坏、遗弃和埋藏之前，物质性建构的世界是如何被人们组织起来的了。本章将探讨"器物是如何制造的""它用于什么目的"和"它的生产过程的组织是什么"等等问题。为了回答这些问题，我们将采用从形式到跨文化和关系的类比。

形式类比

在工具的阐释中，考古学和民族志器物形式的直接比较俯拾皆是。克拉克（Clark 1952）提供了大量案例，他常常并排放置古今器物的照片或者线图，强调它们的形态相似性，支持他提出的功能近似的阐释。依照这种思路，现代瑞典捕捉鲑鱼的柳条窝与丹麦发现的"石器时代"类似形态的陷阱进行对比。这个对比尚在相邻的地区或环境之中。有时，类比更为遥远。图 16 中，丹麦中石器时代马格尔莫斯（Maglemoisan）时期的钝首木箭镞与

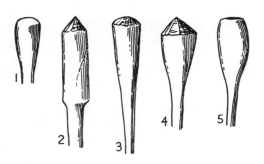

图 16. 克拉克对木质箭镞的比较　克拉克（Clark 1952）比较出自丹麦中石器时代（1、2）和现代社会（3—5）的射杀鸟类和小型动物的木箭镞。

类似的现代器物（分别属于布里亚特人［Burjat］、沃古尔人［Wogul］、爱斯基摩人）进行比较（Clark 1952：37）。克拉克提出，马格尔莫斯时期器物类似于广泛见于欧亚大陆北部和北美，射杀鸟类和小型皮毛动物的工具。这暗示，马格尔莫斯时期器物具有类似功能。图 17 赞比亚各式箭镞却表明，有必要对箭镞形态和功能的关系进行更广泛的研究。

图 17. 赞比亚西部罗兹族群用于实现不同功能的不同类型箭镞

第四章　技术和生产　73

　　图 18 是英格兰铁器时代的典型器物。它们功能不明，基于与当代和历史社会器物的类比关系，成为长期以来猜测迭出、令人困惑的主题（Hodder and Hedges 1977）。当斯坦克利（Stukeley）在伦敦古物协会展示两件器物的线图时，它们的功能被五花八门地猜测为梳理马鬃、图腾，或者"德鲁伊教士献祭时悬挂在胸前的灵符"。早期其他猜想还包括酷刑刑具、"肉刷"、陶器装饰工具、毛发梳理工具、标识肌腱曲线和体表纹样的装饰工具。现在，这件器物被称为编织梳，因为有人指出它们就是织机上编织纬纱的工具。

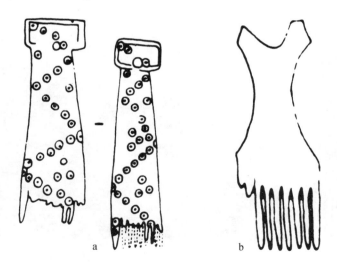

图 18. 铁器时代器物"编织梳"　a 出自英格兰；b 出自苏格兰

　　这个想法来源于与已知的埃及、印度、波斯、叙利亚和美洲（霍皮［Hopi］文化）的编织梳比较。事实上，并无考古学证据证实编织假设，任何个案显示的形式近似程度都不高。关联更为密切的类比应是 19 世纪的梳子。图 19 为广泛见于东非的发梳

（现已见诸西方世界）。它与某些铁器时代器物有着惊人的形态近似，包括方形末端和面板上的点圈纹装饰。这些相似非常清晰，但尚不足以假定铁器时代梳子拥有类似功能。我们必须在更仔细地检查情境的情况下，甄别区分大量不同的形式类比。比如，编织类比的检验表明，在史前不列颠仅见的经纱织机上，编织梳尚未成为必不可少的装备。由于铁器时代遗址中也没有梳子和其他编织装备之间密切关联的证据，类比看起来并不得体。追寻适用于铁器时代资料的类比的其他路径包括对梳齿磨痕、断裂模式和与其他器物类型的组合模式的比较研究。

图 19. 发梳　a 出自现代肯尼亚；b 肯尼亚人正在使用发梳。

基于自然过程的关系类比

在若干场合，为了理解为何特定的过程会导致特定的结果，我们可以比较古今技术过程。类比可以借助各种自然和广泛发生的事件得到支持。比如，当考虑一个陶罐是如何制成的时，黏土属性可以被假定为恒定的。轮制陶器留下可以通过试误检验的可辨识痕迹。这样，民族考古学就成为实验考古学的助手，其首要功能是为实验者提供观念。比如，对现代的传统陶工的观察显示，被考古学家称为"棍棒抛光"的效果完全可以由圆石承担，"烧后"刻纹常常是在未经焙烧的抛光陶器上制成的，捂烧生成黑陶和褪火形成灰陶是显著有别的两个过程。

图20所示制陶过程的检验使我们可以理解如何从陶罐上遗留的显著痕迹辨识特定的技术过程。巴拉雷特（Barrelet 1980）和巴尔菲特（Balfet 1980）讨论了如何从陶器加热上区分烹饪和制陶痕迹。杰里戈和奥多斯（Jarrige and Audouze 1980）比较了俾路支（Baluchistan）现代和铜石并用时代的制陶证据，推断出近似的技术过程。由于充分理解了黏土的物理属性，膨胀、收缩、加热、干燥、打磨过程具有一致性，以及效果可被调校，此类类比就具有说服力。

a　　　　　　　　　　　　　　　　　　　　　　b

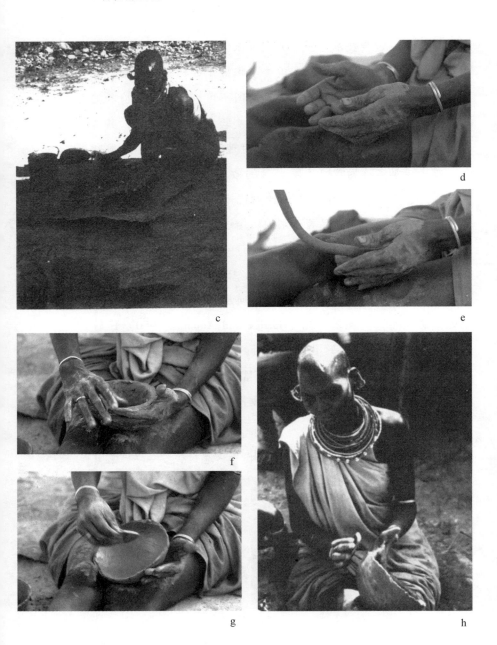

图 20. 肯尼亚巴林戈地区尼杰普斯（Njemps）妇女制作陶罐的步骤 a 碾碎从蚁冢底部采集的泥土；b 在皮革上筛选，析出更细腻的泥土；c 加水；d 制成陶器底部；陶器完全在陶工的大腿上制成，任何阶段都不使用支架；e 添加泥条；f 用手指抹平泥条；g 用葫芦片抹平和削薄；h 添加泥条后进一步抹平；i 使陶器上部器壁内卷；j 露烧后得到陶器最终形态。

金属加工亦是同理。施密特提供了冶铁技术过程上使用类比的上佳范例（Schmidt 1980）。对坦桑尼亚西湖的早期铁器时代冶炉内遗存的检测表明，熔铁时曾经达到非常高的温度。有人假设，如此高的温度是将鼓风嘴插入炉内实现的，这样，热管中吹出的空气是预先加热的。

非常有趣，按照第二章对实验考古学和民族考古学之间关系的观点，施密特在北美开展的检验表明，上述假设并不可信，需要更本真的情境。因此，在发现考古材料的地区，他对现代金属工匠进行了民族考古学研究。这些工匠的确将鼓风嘴插到炉内。冶铁过程得到记录，九个月后，熔炉遗迹被发掘出来（图 21a）。形式比较显示，古代遗存和现代过程之间的确存在相似（图 21b）。

因为被研究的过程颇为先进，特定类比牵一发而动全身，这项研究使我们认识到，由于炉内温度超过 1800℃，两千年前的冶

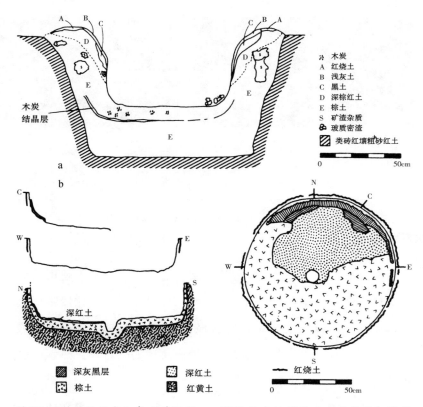

图 21. 冶铁的民族志和考古学证据 a 1976 年在坦桑尼亚启兹巴的纽恩威（Nyungwe, Kiziba）建造的冶铁熔炉的剖面图；b 铁器时代早期冶铁熔炉炉膛的剖面和平面图。(Schmidt 1980)

铁匠已经具备炼钢的能力。温度比之前估计的欧洲熔炉达到的温度还高。但是，类比需谨慎运用，需要坚实地建立在特定形态的熔炉、特定位置的鼓风嘴如何与预热及高温结合在一起的知识基础之上。

正如已经指出的，这种民族考古学类似于实验考古学，由于可以结合传统的知识和技能，施密特获得了更令人满意的结果。不适宜实验性检验的冶铁的其他侧面只是细枝末节，比如采集用作木炭的树木总量。坦桑尼亚一处熔炉使用 200 公斤木炭意味着需要砍伐超过 2000 公斤木料。哈兰德（Haaland 1980）提供了可能与冶铁相关的大规模森林退化的证据。同样，类比的使用也建立在木柴、木炭和生产热能的普适关系基础之上。尽管还需要定量分析，考古学家对于这些模型已初具信心。

民族志类比试图追寻的还有大量其他技术过程，我仅能列举一二。对清理林地所需能量和方法感兴趣的考古学家求助于民族志材料，填补了伐木的实验性工作的大量细节（参考 Steensberg 1980）。卡内罗（Carneiro 1979）记录了一个当代委内瑞拉雅诺马马人（Yanomamö）用石斧砍倒一棵树。不幸的是，讲述人和参与者都只用过钢斧，在应付"新"技术上，他显然有点无所适从。然而，某些结果的确与实验预期相吻合。比如，树木是被相对短暂、快速挥动斧头砍倒的，无须每次挥斧都使尽全力。同时，斧头可能采用夹柲法装柄，斯蒂恩斯伯格（Steensberg 1980）提供了新几内亚多种装柄方式的证据。

卡内罗的行为者从各个方向环绕砍树，而不是仅斫一侧。在新几内亚寻找民族志类比时，斯蒂恩斯伯格发现，不同的砍树方法，不同类型的工具，都会产生特别的木屑碎片，也会在树桩和木头上留下特别的印记。只有得到此类信息，才可能对木质得以保存的饱水型考古遗址中的伐木技术提出假设。

所用工具上也可得到类似信息。特别是，工具重磨可能造成特征鲜明的斧头形状。卡内罗得知，直到晚近，斧头基本每天都需打磨。斯蒂恩斯伯格注意到，新几内亚边刃器的重磨使远离树木一侧的刃部形成显著台面。这种信息有助于斯蒂恩斯伯格解释丹麦所见新石器时代石斧的类似台面，提出何处远离树干（图22）。然而，很多过程都能解释石斧上相对简单的特征，我们需要留意其他类比。

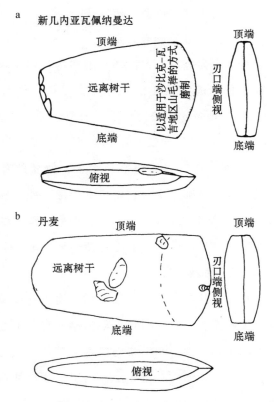

图22. 石斧　a 新几内亚当代和 b 丹麦新石器时代石斧表现出形态上的近似，因此假定使用方法也近似。(Steensberg 1980)

实验考古学发挥主导作用，民族志资料提供某些洞见的另一个领域是房屋建筑。正如第一章所示，考古学家可能希望评估矗立在特定模式的柱洞之上的建筑形态。可能有人对所用技术、建筑高度及房间数目、墙体可能支撑的屋顶类型感兴趣。实验不可避免地受到考古学家经验不足或者不熟悉对应工作的阻碍。图23是肯尼亚搭建窝棚的某些步骤。令考古学家，尤其是工作于肯尼亚同一地区的考古学家兴趣盎然的特征是，屋顶没有任何开口，火塘中升起的浓烟无处散逸，屋内可能有供人睡眠或者储存物资的"二层"或者"隔层"（图7a中可能更清晰可见），屋顶极其低矮，除儿童以外，所有人进出都得屈膝弯腰。屋顶系统变化多样，平顶仅是其中之一（图24）。肯尼亚巴林戈地区此类窝棚坍塌地点的发掘显示，除了火塘之外，别无其他遗迹保存至今。这一证据提醒我们，即使缺乏建筑证据，也不能排除考古遗址中存在技术相当进步的实体建筑的可能性。

已被或者可能被民族志研究的其他技术包括诸如复活岛上的雕像（Heyerdahl and Ferdon 1961）和新西兰毛利人的山地要塞的建造。战争方式可能也引起研究者的兴趣，这究竟是东非游牧族群的日常劫掠还是偶尔冲突，或者军事国家的有计划的战役？我们将离开普适性物质法则，转向无法发现简单"指纹"的人类选择和策略。但是，一旦考古学家叩问的不再是使用了何种特别的技术过程，而是"为什么"这样的问题，他就必然进入到过程和形式的关联既多样、又复杂的社会和文化领域。这也是我们即将讨论的技术和社会及经济情境的关系。

图23. 肯尼亚巴林戈地区房屋建筑
从 a 到 c 为穆库坦地区窝棚建造的早期阶段;从 d 到 g 为巴林戈湖附近的窝棚建造;d 中的立柱草草插入地面;e 为在承重立柱的基础之上形成的支架,用于承搭茅草;f 中的屋顶内侧显示捆缚细节;g 显示泥巴被抹在屋顶和墙面上。

图 24. 肯尼亚巴林戈地区一座尼杰普斯平顶房屋

跨文化关系

很多人提出,生产方式和社会经济变量之间存在广泛关系。比如,菲利普斯指出,在 75% 的民族志个案中,女性承担制陶,在 98% 的民族志个案中,男性承担狩猎(Phillips 1971:341)。因此,在他研究的特定的史前社会中,女性可能制陶,男性可能打制石器。前揭章节已经涉及此类跨文化调查的困难。在本例中,我们并不知晓为何是女性而不是男性制陶,我们对于联系女性和陶器生产的因果关联一无所知。换言之,我们并不知晓民族志资料与考古学个案的关联性。而且,由于相关因果联系尚不明了,统计性关联就基本没有阐释价值。

其他跨文化观察包括贸易在社会中的效用。贸易增长可能推动生产增长，影响生产的陶器类型。比如，尼克林表明，安全运送大量陶器的需求可能导致统一规格的陶器系列的生产，这样它们可以码放在马车或者船只上（Nicklin 1971）。在生产组织和聚落模式之间也可能存在关联。罗兰兹提出，分散型聚落与分散型金属生产相关，而聚集型聚落则可能鼓励更集中化的生产（Rowlands 1971）。

生计组织模式和生产之间也存在跨文化关系。阿诺德（Arnold 1978）注意到，生活于资源贫瘠或者地力耗尽地区的族群可能投身于陶器生产。陶器可用于与土地肥沃的邻近地区交换生计物资。经济周期的显著季节性（比如存在明确的雨季）可能导致每年的特定时段对工具的需求陡然高涨，手工业生产因而勃发。罗兰兹（Rowlands 1971）提出，季节性可能导致大量金属残片在密集生产期回到金属工匠手中，出现窖藏——见诸史前欧洲的破损或者磨蚀器具构成的"铸造埋藏"。然而，民族志文献甚少提及此类窖藏。

陶器生产的规模和专业化上已经形成一系列通则。在某些个案中，陶工（如图 20 所示）参与一般性生计活动，可以被称为业余或者临时陶工。有的陶工投入更多时间，也从制陶上获取更多资源，可以被称为专业陶工。在研究北非马格利布（Maghreb）的柏柏尔（Baber）当代制陶工业过程中，巴尔菲特发现，陶器在三个层面上生产：（a）妇女在自家以自用为目的的业余生产；（b）某些情况，男女出于盈利目的的陶器生产，可以被定义为半专业；(c) 仅有男性参加的大规模、高度专业化生产 (Balfet 1966)。

在马格利布，生产规模的差异看似引起众多其他结果。比如，在家庭生产中，女性并不在意是否接近陶土埋藏。然而，大规模专业化中心常常分布在主要的陶土富藏地点周边。业余化女性倾向手工制陶，而到专业化层面，则采用轮制。在世界其他地区，专业工匠和陶轮的运用之间的关联远没这么密切 (Nicklin 1971)。在马格利布，业余工匠采用露烧，而专业工匠使用陶窑。业余工匠生产的陶器几乎一成不变。这种长时期停滞却鲜见于专业工匠中。

所有这些个案都没有清晰地检验或者阐明特定关系的原因。因此，难以知晓在何种程度上，我们可以概括古今其他社会。通过考虑巴尔菲特提出的进一步关系，我们可以明确问题。她注意到，业余工匠制陶风格多样，装饰自由。陶工的专业化程度越高，陶器的形状和纹饰就越趋向标准化和单一化。这个观念被莱斯（Rice 1981）等考古学家用于阐发跨文化进化模式，尼克林（Nicklin 1971：17）提供了进一步的关联。贸易和出口可能鼓励产品的专业化和标准化。

尽管集中化程度更高可能造成若干类型的标准化，但视之为放之四海而皆准的假设则显然源自我们自身的文化情境，即生产的主要目标是边际效应最大化。对于我们而言，如果不能提高效率、生产更多的标准化器物，这样的集中化就毫无价值。伍尔沃斯心态（Woolworth mentality）根深蒂固。但是，民族志上却可以发现不同的关系。图25展示的矛和凳子都是肯尼亚巴林戈当地特

图 25. 肯尼亚巴林戈地区的当代器物　a 鋬装矛；b 木凳

定个人制作的。尽管不同工匠集团制作的矛和凳子基本类似，但形状和尺寸上存在显著的地方性变化。之所以出现这种变化，是因为尽管属于专业化生产，工匠对于本地倾向和需求颇为敏感。更一般而论，消费者需求多样，对高效生产兴趣寡然的情境下也能出现专业生产，导致产品风格多元。相反地，图 26 显示的篮子和木碗是各人在自家制作的，但是在广幅范围内，风格高度单纯统一。这个案例中，特定器物被赋予了特定的社会意义，导致出现强烈的统一感。

与巴林戈遥相呼应的材料来自赞比亚的罗兹人（Hodder 1982c）。非常清楚，我们无法从产品统一的程度嗅出生产规模或

图 26. 肯尼亚巴林戈地区图根人（Tugen）的陶器、篮子、木碗和凳子

者专业化程度。为了掌握生产和风格的关联，我们需要更多地了解社会和经济情境。我们需要建立关系模型，解释为什么在特定环境中，人们希望制作标准化或者非标准化陶罐，为什么他们希望大量、高效地生产等等。

当考虑到手工业生产专业化与通则性进化模式相关联的方式时，这一点变得尤为重要。上文已经提及莱斯的个案，我们也应该参考伦福儒（Renfrew 1973a）以及皮博思和库斯（Peebles and Kus 1977）的论述。常常有人假设，手工业专业化和对生产的控制与等级社会、酋邦和国家相关。显而易见，考古学家可能在其他证据，如聚落等级、精英墓葬和远距离贸易的帮助下，从陶器的风格统一性着手，重建酋邦。我们已经看到，标准化和专业化之间的纽带是脆弱的。同样，手工业专业化和等级社会之间的关联也远非广泛可见。第六章将进一步检讨这种关系，但是，现在我们可以举出来自赞比亚罗兹人的证据。罗兹人过去和现在都是由王室和复杂的官僚制度统治的。在任何标准下，这里都是高度等级化社会。然而，大部分手工业生产一直存在于家庭层面，或者由与王室无关的本地专业工匠承担。制陶由女性承担，主要供自用。尽管有的陶工与王室中枢关系密切，她们的产品也主要以自家为中心。都城中并无市场，手工业产品的交换纯属个人之间的互惠互利行为。罗兹精英唯一控制的手工业产品是铁器，尽管王室精英的中心既不在铁矿资源区，也不在铁器生产区内。

我们有必要仔细而敏锐地检验关于手工业生产的各种跨文化关系。生产组织和产品风格必须在整体性社会和文化情境中联系起来。此类工作尚属罕见，下文将提供若干初步范例。

关系类比和文化情境

考古学中不乏对金属工匠、陶工和石匠的身份的讨论。罗兰兹引用柴尔德和克拉克的理念，提出金属工匠常常形成独立的"非部落化"阶级或者种姓。然而，民族志材料中，金属工匠却倾向于融入本地社会情境，共享社区责任、义务和权利。同时，他们或者妻儿可能全时参与生计活动。有的金属工匠享有崇高的社会地位，有的可能遭受鄙视或者地位低下。有的服务于权贵，有的则并非如此。因此，金属工匠的社会地位千差万别，陶工、石匠和其他手艺人亦是如此。我们可以质询为何存在这种差别，以及什么导致特定环境里工匠地位高低不同。

加拉格尔对埃塞俄比亚中部石匠的观察就是试图思索工匠劳作的情境及其身份的研究之一（Gallagher 1972，1977；同时参考 Haaland 1981）。十二位现今仍制作和使用石器的讲述人提供了采集黑曜石制作石器、使用石器剥制皮毛和石器的再加工及遗弃的资料。加拉格尔提供的详尽而有价值的分析有助于推知，生产纯属个人行为，并未集中化。讲述人只制造一种工具——皮毛刮削器，每个人都生产雷同的工具及"废料"。这再度证明，以标准化形态的制式生产暗示集中化生产的跨文化预测是不足立论的。

石器的现代使用者分别属于古拉格（Gurage）、阿拉斯-加纳（Arussi-Galla）和锡达莫（Sidamo）等族群。剥皮加工者和工具制造者被称为"法吉"（faki），构成世袭种姓，技术采用父子传承制。种姓采用内婚制（配偶来自种姓内部），因为被认为有"邪眼"而为埃塞俄比亚社会所不齿。埃塞俄比亚还有数个类似种姓，各有规范，且都不见容于所生存的更大的社区。工匠种姓被视为不洁，窝棚位于村落边缘。法吉散布在不同的地域族群中。在这样的情境中，和第三章描述的吉卜赛人一样，法吉也有维护自尊和同类相扶的机制。也许产品的广泛统一性强化了社会纽带和群体内的一致感。种姓遭人鄙视，被视为不洁也可能发挥了重要的社会功能。在肯尼亚显著不同的情境中，我提出，具有"巫师"一面的金属工匠也同样被禁止获取社会权力（Hodder 1982）。作为基本工具和具有象征意义的器物的生产者，金属工匠拥有获取经济利益和一定程度的社会控制的可能。但是，由于被打入另册，他们无法攫取权力。类似地，观察法吉的不洁一面是否也阻碍了他们获得社会地位令人饶有兴趣。另一方面，即使不洁，因为仍然为广泛的社区提供必不可少的服务，法吉拥有某种权力，在特定环境里还不可小觑。当然，由于遭受鄙视，其他人无法学习法吉的维生之术，他们的经济地位也就得到了保障。

苏丹努巴人的陶工没有形成独立的种姓，但是在被研究的莫罗和麦萨金部落中，污染观也影响了生产组织的区分（Hodder 1982）。莫罗部落在远离村庄的特别的作坊区内制造陶器，生产因此被隔离，在一定程度上也出现集中化。另一方面，邻近的麦萨金部落在村庄里的房屋和院落内制作陶器，生产采取分散方式，并未与其他活动分离。两个部落皆是女性制陶。

没有证据显示两个部落的陶器在风格多样化程度上存在差异。在莫罗和麦萨金社会，陶器生产的集中化并没有催生出生产流水线和批量制作同类陶器。在努巴社会中，集中化和分散化的意义大不相同。对于努巴人而言，陶器生产的组织可能与第三章提到的强烈的性别污染禁忌有关。

在诸多生活轨迹中，莫罗人和麦萨金人以多种方式象征性区分纯洁与不洁，这类区分的结果也表现在陶器生产上。莫罗人恪守洁净和不洁、男和女之别。院落保持清洁，猪（与女性和污秽相关）被关进特别的围栏，男女活动被区分开来。令人感到有趣的是，由女性操作、存在污染的制陶被从村庄之中移到单独的制陶区。陶器生产单独组织，仅见于每年的特定时节。

另一方面，麦萨金人通过复杂的装饰和仪式标明污染和洁净之别。他们的庭院污秽不堪（图15），与莫罗人的庭院截然不同，麦萨金人庭院的地面装饰丰富。麦萨金人更乐于装饰葫芦和陶罐，垃圾并不隔离开来，仅抛弃于左近，但洁净和不洁的边界标识清晰。同样，在村庄的脏乱和喧闹之中，随时随地皆可制陶。陶罐和它们在庭院中的使用都在仪式性和保护性图案的包围之中。

这个例子证明，如果不将手工业生产视为整体性文化情境的一部分，跨文化通则就毫无立锥之地。只有通过比较生产组织（来自加工区域的直接证据，而不是形式一致性的论证）和同一情境内大量的其他物质文化证据，比如垃圾、兽骨、装饰以及我们随后讨论的墓葬和聚落模式等等，考古学家才能阐释努巴人社会。

在东印度尼西亚马鲁古的阿伯-利斯群岛（Ambon-Lease），斯普林格和米勒考察了生产组织的多样性（Spriggs and Miller 1979）。陶器生产的最显著特征是它局限于若干村庄，每个生产陶器的村庄都拥有显著不同的技术。比如，即使在形态近似的情况下，陶器是否手制、是否使用陶拍和垫砧、陶土回火比例、表面处理方式，皆有所不同。导致技术多元的原因是什么？答案之一可能是技术限制。比如，就像使用淡水抑或卤水一样，陶土质地和可能的回火的细微差异会导致技术不同。斯普林格和米勒指出，他们的新阐释可能是，一个人制陶还是从事其他专业生产，以及他所使用的方法，都是对身份认同和区分的强调。而且，技术二元对立准确地反映了宗教二元对立。考古学家必须考虑，生产多元只是社会性维护的文化多元的组成成分,而不是地方性技术限制造成的。至于努巴人个案,可以通过检验物质文化证据的其他侧面,判断文化多元程度以及维系文化多元的社会和经济原因,达到支持类比的目的。

结　论

　　本章的讨论与前章大同小异。在埋藏和后埋藏过程中,技术和生产过程的若干侧面可以通过仅仅考虑物质性制约条件,如泥土、金属和石头的普遍特征就得到阐释。在回答"器物是如何制成的"问题时,通过与经过实验性和民族志研究的器物比较那些道破天机的标记,考古学家将大有斩获。但是,如果考古学家希望提出更雄心勃勃的问题,比如为何器物按照特定方式制作,他就得回到关于生产组织和其他社会文化变量之间关系的跨文化表述上。然而,此类通则大多并不成功,也不太具有阐释价值,因为它们不太关心为何会发现特定的关系。如果期待提供与过去的充分类比的话,民族志研究就需要更小心地检查整体性文化情境和情境赋予生产的价值。

第五章 生计策略

有一种考古学家可以提供大量信息,传统上也被认为极其重要的生产类型,被前一章遗珠在外,就是食物的生产。本章中,我只能挂一漏万地提及人类如何获取食物的海量民族考古学和人类学信息。也许,有关生计策略,特别是狩猎和采集的人类学报道,对考古学的主要贡献在于,它们使考古学家意识到,他们对于非西方经济的众多预设都是错误的。

狩猎者和采集者

当下考古学家可以获得的世界各地以狩猎和采集为生的社会的信息车载斗量(近期评述参见 Smiley et al. 1980)。比如,孟默林随机检验了阿拉斯加巴罗角(Point Barrow)爱斯基摩人的19世纪民族志材料(de Montmollin 1980)。他提出,爱斯基摩人每年不同时间的不同生计活动(比如捕鲸、捕海豹和捕北极熊)都会留下特色鲜明的遗存,但考古学可见度各不相同。聚落系统、遗址规模等等都被当成特定生活方式的"指纹"加以讨论。阿拉斯加北部恶劣环境中的狩猎者和采集者属于"游团"社会。尽管我们不想提出通则判断，但是在驳斥对这些社会的简单本质的假设上，上述研究的确富有价值。巴罗角社会有着复杂的存储和运输技术、社会复杂性、与其他社会的经济交换，以及相对聚居性和定居性。

貌似简单，实则复杂，这就是众多狩猎和采集社会的特征，下文将予以详述。巴罗角爱斯基摩人等范例可能为考古学家提供更多、更具现实意义的模型。但是，考古学家使用此类证据，建立对"土著"生活方式的有限甚至有些浪漫的观念，却充满危险。如果切换预设，但却疏于分析民族志材料，考古学家不一定能更好地理解更新世狩猎者和采集者。如果我们反思最近基于民族志材料提出的若干通则的话，这一点可能就更为清晰。

1968年出版的一本书深刻影响了对狩猎—采集者的考古学研究。迄今它仍被巴罗角爱斯基摩人的研究效法。它推翻了流行一时的狩猎和采集社会生计贫困的考古学假说。这就是李和德瓦尔的《作为狩猎者的人类》。在收录于该卷的论文里，基于在博茨瓦纳的卡拉哈里对布须曼昆人的研究，李挑战了关于狩猎—采集者的两种成见：（a）狩猎—采集者主要依靠狩猎动物；（b）狩猎—采集者生活方式既艰苦，又危险。

仅就第一点而言，众多狩猎—采集者社会主要依靠采集资源。在昆人中，按重量计算，蔬菜构成日常饮食的60%—80%。因为产量丰富、适宜定居生活和生产可预期，采集食物更为可靠，而狩猎食物则变得更值得期待。默多克《民族志地图》（*Ethnographic Atlas*）描述了58个狩猎—采集者社会。只有六分之一的社会强调不甚稳定的资源——狩猎。但是，全世界采集社会的相对分布并不均衡。离热带越远，采集社会数量越少。这是因为随着远离赤道，可食用作物的丰富性和多样性都逐步衰减（对于这个观点的批判性讨论，参见 Hawker et al. 1982）。

昆人每年的食物，绝大部分产自本地，数量充沛，且易于采集，因此否定了第二个观点。不难理解，昆人无意于将生计方式变更为耕种农业。对他们而言，基于檬戈果（Mongongo nut）的饮食远比基于种植作物的饮食稳定。在一处营地，李发现成年人每周仅工作 12—19 个小时，就可获得足够的食物。在同一本书中，伍德伯恩（J. Woodburn）注意到，在获取生计资源上，哈扎的狩猎—采集者投入的精力和时间可能少于毗邻而居的农业部落，大多数成年男性耽于赌博。

总体而言，狩猎—采集型生计舒适惬意的观念得到萨林斯（Sahlins 1972）和其他人的进一步阐发，但是，数量丰富、极富启发的昆人和哈扎人材料也引发争议不断。我们已经注意到，民族志研究表明，特定环境中某些资源极受重视，是因为它们确凿、稳定、易于采集等等。基于这些信息，我们可能建立类比模型，在重建史前环境时预测聚落应该建于何处，才能最大化地使用资源。杰青（Jochim 1976）采纳了这种研究方法，以民族志资料证明，植物和鱼一般被认为是更稳妥的低风险资源，而狩猎则是高风险、低回报资源。同样，狩猎—采集者倾向于容易采集、美味可口和丰富多样的食物。然而，狩猎常常更受推崇。

基于民族志材料，杰青提出，狩猎—采集者最常考量的资源属性包括：重量、密度、体积、可移动性、脂肪含量和非食物性收益。这些方面可以用于评估所有动物、鱼类或者植物种类，为每种资源提供综合"评分"——最高产、最易获得的资源得分"最高"。杰青表示，这种方法用于奥吉布瓦（Ojibwa）的民族志资料时，可以预测被猎动物的比例和聚落位置。同样，霍克尔等（Hawker et al. 1982）表明，巴拉圭的艾克人（Aché）也遵循了最佳觅食理论的成本—收益考量。

此类工作需要克服种种有瑕疵的假设。比如，我们假定环境的利用遵循边际效益最大化原则，以及不同的社会都以类似方式评估资源的不同侧面。效益最大化是生计策略考古学的常见假设，但是它需要独立评估。在对纽纳米特爱斯基摩人的研究中，宾福德（Binford 1978）展示了考古学家怎样从动物骨骼的研究中确认过去的族群是否充分利用了肉类资源。可以说，当比较环境如何被利用的遗址证据和环境潜在资源的证据时，遗址资源域分析（参见下文）提供了检验效益最大化的方式。但是，尽管宾福德的分析细节和遗址资源域分析很有价值，却无法提供任何关于边际效益最大化的情境的真知灼见。在书中，宾福德所谓的"纽纳米特民族考古学"没有提供作为整体的纽纳米特人的信息，因此难以评估他们为什么可能最大化地使用资源，哪个社会阶层受益最大。同时，社会和文化情境也需要评估。

回到博茨瓦纳的布须曼人，生计策略的另一个侧面——人类和聚落的移动性——也可以用来检验最大化和最优化的观念。尽管考古学家经常将移动性视为统一现象，但是在民族志上，同样社会的不同个人会因为不同目的而移动，时间长短不一，组合也不相同。基于对布须曼人的研究，艾伯特提出可以建立移动性和石器组合之间的关联，使后者可以评估前者的体量和本质（Ebert 1979）。比如，有假设认为，随身携带的工具应该小于在固定地点使用的工具。同时，在制作和维护上，重复使用的工具比一次性使用的工具需要投入更多精力。这个假说明显充斥了关于效率、节能和最优化的西方预设。工具和经济都受制于最省力原则标准。这可能的确见于某些社会，但其他文化价值也应该并行不悖。不管怎样，我们需要明白，为什么这些领域里存在最大化或者最小化，我们需要检验，对于社会各个部分，无论男女老幼，特定的策略都是"最优化"吗？

在已经涉及的民族考古学工作中，很少有人将生计策略放置到更广泛的社会和文化框架中，反而频频见到强加西方假设的危险，置《作为狩猎者的人类》和其他著述（Lee and de Vore 1976）的真知灼见于不顾。涉及地域（Campbell 1968）、聚落模式（Peterson 1968，1971）甚至通则性层面（Yellen 1977；Schire 1972；Harpending 1977；Williams 1974）的狩猎—采集者生计的民族志研究篇帙繁多，但是狩猎—采集者在更广泛的情境中的地位却没有得到充分评估（Wobst 1978）。比如，在何种程度上，效益最大化、低工作量和移动性实际上受到当今狩猎—采集者在不同社会的边缘地位，以及融入不同社会中的影响？我们倾向假设，经过细致研究，昆人表现出一定程度的"原始性"，和更新世狩猎—采集者一样，果真如此吗？

威尔姆森（Wilmsen 1979，1980）提供了赫雷罗（Herero）牧民和布须曼狩猎—采集者（祖人）之间，以及他们和欧洲人之间长期以来密切联系的民族志和历史证据。一千年以来，在所有地方，赫雷罗人和祖人都有接触，既合作，又竞争。放牧和采集并驾齐驱。二者在地和物上存在多种所有权关系，以使用权为形式，互为义务关系，而非一方无可争辩地控制另一方。一个族群的空间与其他族群的空间相重叠，降低了将土地分割成专属地块的需求。所有的以往研究都孤立地看待了布须曼族群，采取狭隘立场，依照特定的水源地观察移动模式。威尔姆森则表明，布须曼人其实是更广泛的系统的组成部分。

在这个方面，布须曼狩猎—采集者绝不是孤例。在肯尼亚的牧民和农民的分界线上，分布着被称为奥凯克（Okiek）或者多罗博（Dorobo）的族群。我曾经发表过对这些狩猎—采集者群体之一的民族考古学研究（Hodder 1982）。事实上，这些人并不是多罗博人；他们既非狩猎者，也非采集者。他们主要是游牧民马赛人（Maasai）的难民，由于种种原因丧失了自己的牛群，转型成为多罗博狩猎—采集者。他们一方面重建新牧群，另一方面则逃避迫害。在这种情境中，成为狩猎—采集者常常意味"短暂地"（有时延续数代）改变生活方式，在高山和草地采集蜂蜜和狩猎动物，与邻近的游牧民和农民保持密切联系。

在何种程度上，我们可以用这种社会的民族志资料阐释更新世的狩猎者和采集者，这是值得质疑的。然而，这还只是古今类比的应用问题的冰山一角。正如第一章所示，类比不能全盘照抄。相似和差异都应得到评估。这样，在判断相似是否支持类比的运用时，我们需要考虑对模型不同侧面的文化关联的理解。观察到的相似是否与有待阐释的未知侧面相关？同样，差异能够得到解释吗？我们需要知道，为什么特定的民族志社会研究是按照特定方式进行的，这正是已有研究所匮乏的。在检查狩猎和采集生计时，研究者对更广泛的情境视而不见。将布须曼人或者其他现代狩猎—采集者看成某种意义上更新世采集—狩猎者的代表的浪漫愿望却大行其道。然而，我们需要把他们安置在各自的现代情境之中。只有这样，并且进而评估他们的生计策略如何与更广泛的世界环境相关，以及只有当我们理解为什么生计按照特有方式运作，我们才能评估布须曼人和更新世社会之间的异同，评估类比的相关性。当我们能够理解自身独特情境中的现代狩猎—采集者时，才能重建不同的过去。

很少有人将现代狩猎—采集者放置在更广泛的情境中，但是的确有讨论将狩猎—采集者分成不同类别，每个类别都拥有独立的经济和社会情境。我在此处的描述与第六章对游团和部落的讨论有重叠之处，但是，重要的是，生计本身常常被当成社会的其他侧面赖以建立的基础。我们可以循着基于生计方式的狩猎—采集者模型的发展，离开卡拉哈里，转向其他更有利于民族志类比的猎场，也就是澳大利亚。这里，若干研究以约克角半岛的维克曼堪人（Wikmunkan）为题。

早期研究属于"搅局"类型（Yellen 1977）。汤姆森（Thomson 1939）计划通过明智地选择民族志材料，证明考古记录的局限性。他的论点是，如果我们在每年不同季节观察以维克曼堪人为例的游牧狩猎集团，因为季节性适应差异巨大，他们会看起来像是不同的群体。每年的某些时段，人们可能成为游牧狩猎者，追逐灌木动物、野蜂、小型哺乳动物和果蔬食物。几个月后，同样的人群可能在海岸边安营扎寨，看起来像是放弃了游牧习俗的定居或者半定居居民。在每年不同阶段，他们建造不同类型的房屋（图27）。

第五章　生计策略　101

图 27. 澳大利亚维克曼堪部落与季节性生活和居住相关的典型营地和房屋类型　1 雨后立即使用的就寝台面；2 大型雨季房屋；2a. 剥除树皮，显示出框架结构的大型雨季房屋；3 雨季棚屋；4 雨季公屋；5 雨季公屋的变体；6 开阔海滩或者沙堤上的营地使用的挡风篱笆；7 悬挂食物或者器物的树杈，单独矗立或者扎在篱笆里；8 炎热天气使用的凉棚。（Thomson 1939）

这种反例使众多考古学家相信，任何重建或者思考文化的尝试都是徒劳无功的。如果维克曼堪人会在每年的不同阶段制造不同的文化，考古学家就应该只关注生计适应。

其实，大可不必持消极立场，汤姆森可以询问，为什么这个案例中存在如此多的变化？并进而向考古学家提出积极而重要的主张。威尔斯（Wills 1980）最近尝试阐释，他注意到，为了应对西北和东南季风，维克曼堪人的居住环境以旱季和雨季切换为特征。和众多狩猎—采集者社会一样，面临这种切换以及长期的气候波动时，社会结构和生计策略都极度灵活。在每年的不同阶段（参见图28），维克曼堪人开发环境的不同部分，这导致考古学家辛辛苦苦、详尽阐发的聚落形态呈现出扑朔迷离的多重叠影（图28e）。当然，如果只看单单一个遗址，复原是困难的，但是，如果整体性研究整个地区，就可以观察到多元而复杂的叠影，而且可以解释对特定环境的灵活适应（类似的区域模型，参见Foley 1981）。

在基于爱斯基摩人和其他民族志资料的环境利用上，维克曼堪人可被视为一个更常见的模型的范例。宾福德将狩猎—采集者分成两个大类：觅食者和采集者（Binford 1980）。觅食者体系以"高居住移动性、低集体投入和常规性日常食物获取策略"为特征（Binford 1980：9）。觅食者对本地可得资源更为敏感，也不储存食物。聚落系统有两种类型——发生大部分活动的居住营地和只执行采摘任务的"地点"。这种适应回应了环境的多样性，类似于戈尔德提出的"机会策略"（Gould 1977）。与之相反的是，

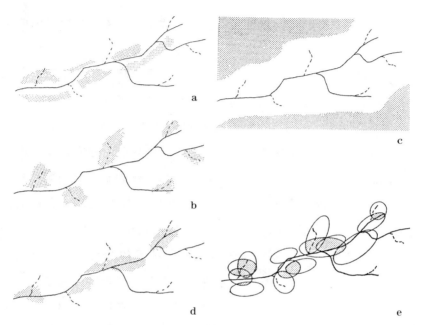

图28. 维克曼堪的环境季节性利用假说　a 雨季营地；b 旱季早期营地；c 旱季中期营地；d 旱季晚期营地；e 上述四图基础之上建立的维克曼堪人季节性营地位置的空间重叠图示。(Wills 1980)

按照宾福德的说法，采集者系统以"后勤组织"为特征，生计策略被组织起来，在特定情境中获取特定资源。这种系统拥有广泛的、具有不同目的的遗址类型，可能也有食物储备。当食物资源分散时，无论是觅食者还是采集者，都会与特定的地理位置捆绑起来。

实际上，维克曼堪人兼收并蓄。在雨季和旱季晚期，他们居住在半永久营地，劳力每天外出采集和狩猎，属于采集者类型。相映成趣的是，在旱季的大部分时间里，维克曼堪人属于觅食者类型。他们没有固守一种形式，而是在特定的环境中采用灵活的策略，宾福德的类型学方案考虑到了这种"混合"类别，但是仍不足以阐释多种类型共生，除了归因于物质性环境之外，无计可施。宾福德将觅食者和采集者策略与环境的丰富性、多样性、安全性等侧面对应起来，宣称已经找到阐释性的因果过程。但是，这些因果关系的有效性值得质疑，因为它们狭隘地建立在生计考量基础之上。在文章中，宾福德对社会和文化因素不屑一顾。然而，维克曼堪文化的众多特征并不与生计直接相关，或者由之"引起"。比如，威尔斯注意到，和其他澳大利亚土著集团一样，维克曼堪人常常出于婚姻或者成人礼等纯粹的社交目的建立联盟。只有当本地资源丰富时，才会出现联盟，但是联盟并不因为资源丰富而生。尼德海姆发现，每个维克曼堪营地的内部布局都是社会组织的象征性表达。更一般而言，我们应该认识到，整体性适应应有社会性和意识形态的动因和约束，考古学模式不应该仅仅是生态适应的结果。至少，我们需要检查社会和文化因素，才能有效地宣称它们与适应性行为无关。

与宾福德的分类不同，我们没有仅仅关注获取食物中一目了然的技术侧面，而是尝试确认不同系统的基本意义，寻求更全面的解释过程模型。对基本过程的理解有助于将生计放置到更广泛的社会情境中，超越在可见资料中寻找动因。这正是科学程式的标志。伍德伯恩没有按照食物获取系统区分狩猎—采集者，而是观察这些系统的基本性质（Woodburn 1980）。特别是，在劳动力投入和回报之间是否存在延时，抑或即时收益？

类似于宾福德的觅食者策略，伍德伯恩的即时收益系统被认为是博茨瓦纳的昆人和坦桑尼亚的哈扎人的特色。社会高度灵活，每个人都无须长期维系与他人的义务关系。食物通过仅需最低限量投资的工具获取，并且即时分配。食物获取相当容易，既不用太多合作，也无须担心资源竞争。食物的给予也不会导致长期义务和社会身份。对个人行动而言，地域不是主要限制。人们既不在意祖先和过去，也不规划未来。延时收益系统则类似于宾福德的采集者策略，包括拥有仓储和财富积累的定居或者半定居的狩猎—采集者，在船只、堤坝和大型地龙上有所投资的渔民。就农民而言，生产系统具有本质性延时特征，因此需要聚拢族群，组织产品分配的机制。在这些方面，祖先和过去就是重要的意识形态。

我们必须指出，伍德伯恩的区分与梅拉索的工作有着异曲同工之妙。梅拉索将即时和延时收益的差异视为狩猎—采集者与农民之别（Meillassoux 1973）。伍德伯恩则将狩猎—采集者和农民都纳入到延时收益系统。伍德伯恩的工作的确也包含了分类，但是它寻求在比宾福德更深入的层面上确认社会特征，因此拥有更强大的解释能力。考古学中，兼用即时和延时收益系统，功效显著。它们令从生计到社会和意识形态等证据的大量不同侧面都在特定模型中融会贯通。但是，伍德伯恩的工作存在产生强烈的决定论和行为性假设的危险。借助技术、经济和环境知识，整个社会就可以被建立起来。生计可能被认为决定了生活的其他所有侧面。我们需要考虑针锋相对的假设，比如，延时收益的生计系统拥有通过产品再分配实现社会控制的社会基础。此外，文化价值也要结合到过程性解释之中。

　　总而言之，罕有民族考古学或者人类学研究将狩猎—采集者生计策略放置在充分的情境中。考古学家必须努力寻找资料，建立坚实的关系类比。本章末尾对狩猎—农耕混合社会的研究中，威尔姆森和伍德伯恩的工作揭示了走向理想的研究类型的理路和洞见。伍德伯恩研究表明，狩猎—采集者、牧民和农民的分野多少有些随意，其他分类方案也许更有阐释价值，现在，就让我们讨论生计策略的其他类型。

游牧民

　　尽管游牧民的人类学研究发表不少（比如 Barth 1956；Gellner 1973；Dyson-Hudson 1972；Johnson 1969；Bates 1973；Ingold 1980；Hole 1978, 1979），考古学家对于这种生计策略的本质以及考古学证据仍不甚笃定。部分意义上，这是由于现代游牧民和农业群体休戚相关，历史上是否存在独立的游牧系统仍然不甚清晰。同时，这也可归因于已经发表的研究几乎没有顾及考古学指标。所以，我希望本节集中关注两个看似"有迹可循"的游牧民研究。

　　奥杜兹和贾林基比较了俾路支的卡其平原（Kachi plain, Baluchistan）上的定居农业社会和三个游牧族群（Audouze and Jarrige 1980）。研究提供了房屋的类型、使用频率、建造、在聚落中的相对位置和使用年限等方面异同的大量数据细节。研究也检查了聚落和土壤的关系，房屋差异与定居或者游牧聚落中的财富差异的关系。结果显示，定居社会的等级差异比较容易被辨认出来。罗宾斯则提出，游牧族群缺失陶器以及耐用性物质文化（参见上文，56页）。

事实上，广为人知的是，考古学上难以发现游牧民和牧民，但是，在胡齐斯坦（Khuzistan）和扎格罗斯山脉的研究区域中，霍尔（Hole 1980）希望评估，是否存在可能辨识他们的方法；如果有，又应该依据什么特征。即使公元前七千年和现在的游牧生活的社会和技术已经大相径庭，环境的基本特征（气候、季节性、地形和动物需求）大体未变，在此假设基础之上，霍尔研究了该地区的现代游牧民。现代季节性牧民可能比史前牧民更专业，但是霍尔提出了下列考古学指标。

表1 季节性牧民

特征	考古学指标
1. 从游牧到畜牧的季节性迁徙模式。	遗址接近季节性牧场和迁移线路，而不在可耕种土地或者水源附近。
2. 因循相同的年度模式的倾向。	遗址显示同一季节的重复居住。
3. 可被遗弃或者迁移的居址风格。	非永久性窝棚或者帐篷和非连续性居住。
4. 基于野生或者家养畜群提供的肉奶制品、野生或者栽培的谷物、橡果或其他可存储的植物性食物的生计。	动物遗存中主要驯化种（绵羊或者山羊）和部分野生种比例高。可能发现作物加工工具（臼、杵、镰）。有存储设施和灶。

（续表）

特征	考古学指标
5. 允许改变合作群体组成，允许集体或者个人拥有畜群的社会组织。	遗址应有成组窝棚或者帐篷的证据。容纳4—6个家庭的窝棚规整或者随意分布，但是窝棚之间距离不应该超出10米。
6. 资源共享的领土意识。	难以辨认领土，部落集团的空间布局上仅有微妙差异。
7. 增加家畜量的系统努力，但不包括地表改造。	可能分布畜栏或者其他设施的遗址周边区域罕见地表改造（梯田、堤坝等）。

考古学尤其关注的是，"游牧"常常指没有农业的族群，但是霍尔的个案却具备农业生活方式的多项特征。游牧民甚至拥有易碎的陶罐。因此，游牧民的定义需要扩展。东非多个所谓游牧民族群也从事农业、狩猎和捕鱼，组合方式千变万化（Hivernel 1978）。霍尔的游牧民的显著特征是移动性和季节性游牧周期。但是，就是在这些方面，今昔也可能不同。俾路支和地中海地区的现代专业化季节性游牧族群可能是市场经济和商业生产发展之后才出现的。尽管历史上早已出现季节性游牧生活方式的某些特征，但可能只是局部现象，而且也不明显。

这样，我们就无法期待游牧生活的考古学指标的完美列表了。霍尔的讨论极富价值地提出了理当追寻的一系列特征，但是我们不应指望严丝合缝的"契合"。

农 民

界定与游牧生活方式相对的农业生活方式同样困难。然而，相对于提供整体性分类和定义，我更关注检验界定农业策略的本质的方式。

比如，线纹陶文化（LBK）就是民族志类比的早期范例，被用于阐释与农业传入中欧相关的农业技术。1950年之前，柴尔德已经运用民族志资料，主张线纹陶文化是由定期迁移的短期聚落生产的（Childe 1950：97）。遗址上的人们耗尽周边土地，然后继续迁移。柴尔德讨论到，"他们的粗放农业技术，仍见于当代非洲的某些锄耕者"。克拉克（Clark 1952：92）将新石器时代农民的扩散与安大略或者新英格兰，以及斯堪的纳维亚晚近历史时期的拓殖者进行比较。这与烧荒和清理阶段的孢粉证据结合起来，展现了欧洲沃土之上"新石器时代的大规模轮垦农业"（Clark 1952：95）。克拉克的民族志资料，斯蒂恩斯伯格（Steensberg 1980）的更为晚近的新几内亚民族志资料，都提供了哪个季节砍倒和焚烧树木，树桩是否留在原地和森林再生的需求等大量细节。

轮垦农业的类比大多出自土壤贫瘠、偏酸、地力迅速耗尽的地区，比如非洲赤道地区和斯堪的纳维亚部分地区。近期对欧洲新石器时代的研究表明，线纹陶文化分布范围内，黄土堆积极其肥沃。考古学新资料表明，人们长期居住在同一遗址，拥有高度发达的区域性农耕经济。看起来这里并不适合运用类比，因为过去和现在的环境性情境不同。

我们也有必要在社会情境中确认农耕观念的采纳和传播，为此学者们提出了若干类比（比如上文的 Meillassoux 1973），并付诸研究（Bender 1978）。更一般而论，我们可以宣称，谁吃什么、在哪里吃、何时以及如何吃，谁生产了食物，都是社会现象。很多人尝试将生计和社会特征结合到整体性模型之中，某些尝试将会在随后的社会组织章节中讨论。在狩猎—采集者社会模型之中，众多通则都将生计基础视为重中之重。比如，一般认为，灌溉需求会导致社会组织的复杂化程度加深。国家社会形式的差异就与究竟是锄耕还是犁耕农业占据主导地位有关（Goody 1971）。

尽管博塞鲁普（Boserup 1975）颠覆了食物—人口关联，认为主导驱动力是人口增长，而非生计方式革新，考古学家依旧偏爱以生计方式为基础的社会模式。比如，夏乐迪（Sherratt 1981：297）利用民族志资料提出，在简单的锄耕农业中，主要的生计贡献来自于女性播种、中耕和收割。全世界都存在简单的锄耕农业经济和母系继承之间的关联。另一方面，犁耕农业和游牧业则与生计方式中的男性主导、从夫居和父系继嗣群相关。在世界范围，三分之二的犁耕农业和三分之二的游牧业都采取纯粹的父系继承制。在实施轮垦制的社会中，除了清理和松动土地之外，大多数农业劳动都由妇女承担（Friedl 1975）。手工制作陶器和研磨石器也是女性的工作（Haaland 1981；Murdock and Provost 1973）。

采集贝类之外的渔捞、放牧以及制造打片石器则是男性的工作。在狩猎—采集者社会中,男猎女采。

前文已经讨论了归纳此类跨文化通则之难(83页)。此处再度重申,很少有人思考此类关联为何发生,以及在何种情境中出现。特别是,我们希望了解,锄耕是否导致女性劳动,进而导致母系继承制,或者反之亦然?回到农业的传播或者接纳的问题,可能这不仅仅或者主要是经济的传播,也是男女之间社会关系的一系列变化。"新石器革命极有可能是女性活动带来的革命"(Haaland 1981),女性在生计生产中地位提升可能导致她们更深入地参与社会活动。

复原农业经济的最重要的技术之一——遗址资源域分析(Vita-Finzi and Higgs 1970)更好地展示了考量社会策略的需求。这种技术也用于研究狩猎—采集者,李和德瓦尔1968年的文集提供了相关类比。基于昆人资料,习惯上被界定为狩猎—采集者的资源区域的范围是以遗址为中心,以徒步两小时的距离为半径的圆圈。齐泽姆(Chisholm 1962)对意大利南部现代农民的研究表明,农民的活动范围在徒步一小时的距离之内。

巴克尔收集了更多的关于狩猎—采集者以及一个新类别——烧荒种植者的遗址区域的民族志资料(Bakels 1978,参见表2)。他提出更多关于遗址区域大小和徒步距离之间关系的问题。非常清晰,地面上遗址区域的形态取决于行动采取徒步、乘坐牛车还是舟船。通过提供此类信息,巴克尔揭示出维塔-芬兹(C. Vita-Finzi)和希格斯(E. S. Higgs)没有关注的情境的一个侧面。

表 2 聚落日常可及的地域规模：部分数据来自狩猎—采集者和刀耕火种者的研究文献（Bakels 1978）

人群	经济类型	行动半径或"领域"	活动方式
澳大利亚安巴拉人	狩猎—采集者	50 平方公里	步行
澳大利亚原住民	狩猎—采集者	10—13 公里	步行
澳大利亚阿纳姆地女性	采集者	6—8 公里	步行
澳大利亚皮加达拉女性	采集者	5 公里	步行
博茨瓦纳布须曼人	狩猎—采集者	10 公里	步行
博茨瓦纳男性	狩猎者	24 公里	步行
博茨瓦纳女性	采集者	8 公里	步行
坦桑尼亚哈扎人女性	采集者	步行 1 小时	步行
印度比尔豪尔人	采集者	4—8 公里	步行
加拿大爱斯基摩人	狩猎者	8 公里	步行
赞比亚门巴人	刀耕火种者	耕种时仅数公里，渔猎时达到 16 公里，徒步时达到 25 公里	步行
尼日利亚雅科人	刀耕火种者	120 平方公里	步行
新几内亚卡巴卡人	刀耕火种者	45 分钟步行 1.8 公里	步行
新几内亚策姆巴加人	刀耕火种者	田地周围正投影 8.2 平方公里范围内：20 分钟下坡，30 分钟上坡。	步行
婆罗洲伊班人	刀耕火种者	步行最远 1.5 公里，乘船略多于 1.5 公里	步行舟船
菲律宾哈努诺人	刀耕火种者	6 平方公里 距田地步行 1 小时	步行

(续表)

人群	经济类型	行动半径或"领域"	活动方式
中南半岛拉绵人	刀耕火种者	2.48公里 步行速度3公里/小时	步行
苏里南马罗尼河加勒比女性	刀耕火种者	步行45分钟,乘船2小时或更多	步行 舟船
巴西圭古努人	刀耕火种者	6—8公里	步行
巴西亚马孙河流域刀耕火种者	刀耕火种者	5公里	步行

* 在大量个案中,行动半径以实际距离计算,而非按照步行时速估算。为了准确评估数据,必须考虑地面的可通行程度。然而,文献中的地理描述无法比较。我们假设,每小时步行距离最多为5公里。

非洲的证据表明,我们需要考虑情境的另一个侧面(Jackson 1972)。在土壤很容易被过度开发和侵蚀的地区,距离聚落最近的区域可能开发得最少,而不是如遗址资源域分析预测的那样开发得最频繁密集。这是因为聚落附近土壤迅速遭到侵蚀。此外,这种模式的发生机率也取决于生计策略与更广泛的货币经济相结合的程度。这是民族志资料用于遗址资源域分析时的常见问题。特别是,史前社会大多建立在意大利南部现代农民尚不知晓的活动基础之上,而现代农民已经深深地嵌入到市场经济之中,这一点与史前欧洲的情境格格不入。

但是,意大利南部不仅仅只有一类农民。有人为市场生产,也有人为生计生产。安默曼(A. Ammerman,私人通信)考察了两种群体的土地利用模式。意大利南部的地块如何使用取决于谁拥有土地、土地大小、家庭历史和社会地位、产品供应市场还是自给自足。特定地块上种植什么并不依赖于土壤类型。比如，自给自足农耕者认为沙丘地块适合耕种，但是市场生产者却不这么认为。重要的是，土地分类取决于社会情境。另一方面，遗址资源域分析并不考虑社会侧面。土地只分成可耕种和不可耕种，遗址经济的讨论建立在遗址区域或者资源域中不同土壤类型比例之上。安默曼的民族志观察强调了这种程式的巨大危险。我们可能不假思索地认为，沙丘众多的资源域基本不适合耕种。但是，如果不考虑社会和更广泛的经济情境，我们就可能大错特错。沙丘和其他"贫瘠"的土壤亦可很好地用于耕种。供遗址资源域分析的模型需要拓展，人云亦云的效益最大化预设也需要得到评估。

骨骼和种子

在遗址资源域分析中，关注焦点已经从考虑诸如狩猎—采集者、游牧民、农民等类别，转移到对应用于所有生计策略上的某些模型的反思。因为骨骼和种子是复原过去经济时最常用的两种考古学资料，我将在此集中讨论它们。两者的类比上存在诸多呼应。它们都适用于部分基于自然界发生的普遍过程的类比，但也提供了人类象征性行为的重要舞台。

为了重建人与动物的历史关系，类比需要考虑到不同年龄动物骨骼的变化。比如，骨骺的融合，或者不同环境造成的变化。比如，牙齿磨损的现代和中古资料可以用于推算考古埋藏中牛羊下颌骨的年代（Halstead 1982）。自史前时代以来，这些序列可能略有变化，但是考古学家对现代估算也充满信心。通过类似方法，我们也可以判断动物遗骸是被用于获取肉食还是敲骨吸髓（Binford 1978）。

但是，在这些观察之上，考古学家可能希望考虑为什么在遗址上会发现特定的动物或者骨骼使用模式。在部分意义上，骨骼报告传统上不在遗址报告正文之中，几乎没被结合到整体性阐释里，骨骼被视为留给专家的"不受文化干扰"的科学分析材料。此外，牧群管理和遗骸利用的分析都遵循资源控制模式，尽管耶伦（Yellen 1977）和吉福德（Gifford 1977）强调动物肉块的分配是社会性控制的。但是，无论是骨殖遗骸和畜群管理之间的关联，还是畜群管理本身的阐释，它们的文化和象征领域都无人问津。考虑到所有的民族志观察，包括对西方当代社会的观察都揭示，动物或者动物的部分不仅被食用，也被思索，这就令人深思了。动物世界的组织和肉体提供了丰富的自然模式，可以承载人类的文化和社会世界的逻辑。第三章已经提出，在努巴人社会里，猪牛的二元对立反映了男女两性分野，也会影响到考古学记录的形成。即使存在效益最大化的想法，对动物的使用仍然充满文化含义，骨骼遗存既反映畜群管理，也是情境指标；事实上，两者不可分割。迪兹（Deetz 1977）曾经描述 18 世纪美国屠宰动物和处理肉体的象征性维度，下文将讨论一个民族志案例。

至于种子的考古学组合，民族志可以贡献于：（a）谷物加工转变为特定遗存的非文化过程，（b）组织这些过程，遗存转化成为考古学样本的文化因素。在（a）项中，霍尔斯特德和琼斯（Halstead and Jones，私人通信）在爱琴海卡巴塔斯岛（Carpathos）上考察了居民仍然以镰收割，利用畜力或者人力摔打脱谷的情境中，谷物遗存是如何形成的。很多堆积深受非文化的、机械过程的影响。比如，如果种子比重和风速可知的话，就可以推算什么样的谷粒和杂草会在扬谷时掉到地上；对筛子尺寸的知识有助于理解遗存之中为何可见特定大小的谷粒。民族志推动考古学家更细致地思考这些过程。比如，过去假设，在扬谷过程中，很多种子会被吹散。但是，民族志显示，谷粒基盘仍在，未被吹走。正由于仍留在枝头或者捆绑成束，而不是分散开来，细小的种子就不易被吹走。

对于（b）类过程而言，作物加工的不同阶段和类型的分离程度主要与饮食和食物摄入体内的整体性文化关注相关。在努巴人个案中，在食物准备过程的不同阶段的分类上，已有充分的象征性强调，面粉单独码放，周遭环绕"洁净"装饰。更一般而言，和动物同出一辙，植物世界也是被赋予象征意义的对立和模式的普遍性资源。在特定个案中，它们可以被用于历史情境之中，满足社会需求。考古学家不能假定种子没有文化意义。

梅塞尔（Messer 1979）考察了墨西哥南部高地的瓦哈卡谷地中，当代萨巴特克印第安耕种者如何使用野生作物和野草。比如，印第安人认定植物的哪个部分"可食"的信息有助于阐释为什么植物特定部分出现在考古遗址之中。部分意义上，这种工作为在同一地区工作的考古学家提供了相关信息。我们有必要将这样的研究扩展到更广泛的问题：为什么特定植物会被青睐？它们的历史和文化价值是什么？为什么它们会以特定方式被使用？

有人可能提出异议，考古学家从未冀望复原骨骼和作物使用的象征性意义，他们应该关注生计信息，诸如畜群或者作物的组成及其适应性优势。在我看来，打着这个旗号的逃避使对过去的阐释逃不出臃肿累赘的描述。这种异议源自一个观点，即文化和功能可以分离对待、孤立讨论。事实上，如果不考虑影响遗存形成的文化因素，就无法充分考察骨骼和种子组合。同样，如果不考虑文化情境，就无法解释生计模式。尽管困难重重，考古学家必须通过民族志，紧紧抓住"经济"资料中的文化和象征意义。

骨骼和种子的象征意义中，相对容易被辨识的侧面是加工资源的实践中分类的程度。肉体的肢解是否遵循重复的、有组织的方式？种子和杂草能否分别保存？屠宰和食物准备的不同阶段产生的骨骼是否分别存放？通常而言，有序和失序的程度如何？当有更多组合关系时，是否有其他情境信息，比如特定的骨骼和种子共存于特定的年龄和性别集团墓葬之中，或者聚落中的特定部分吗？第三章的吉卜赛人案例表明，对于食物的准备和拆分的文化关注可能用于赋予意义的社会策略。在更广泛的此类研究帮助之下，考古学家有望更全面地理解骨骼和种子资料。

结　论

生计策略已经成为考古学家追寻用于类比的民族志资料的重

点之一。但是，这里始终存在着选择特定的现代社会的倾向。布须曼昆人和意大利南部农民频频得到关注。本书始终强调，为了理解整体性文化情境，我们有必要对特定的文化群体进行细致研究。作为大部分民族考古学主题的社会群体，之所以被选中只是因为他们便于研究、已经存在相关人类学研究、其他近似社会尚未被发现，或者在某种程度上，出于这些族群没有被现代接触"污染"的浪漫观念。他们并没有被民族考古学家按照在全面情境中理解生计策略的方式进行彻底研究。事实上，在检验生计策略的"为什么"问题上，最有价值的研究是雄心勃勃的跨文化研究，伍德伯恩所做即是一例。

休-琼斯（Hugh-Jones 1979）对南美皮亚-帕拉纳（Pirá-paraná）印第安人的研究也为如何开展包括生计策略的情境研究提供了洞见。她的研究范畴囊括广泛散居且互无义务关系（即无界）的族外婚、父系和从夫居族群。一般认为，皮亚-帕拉纳文化整体上存在男性血统形成的连续性和由外来女性生育带来的断裂性这一两分现象。两分现象是历史形成的。比如，儿童与包括外来女性的家庭联系起来，但是成人礼将成长的少年变成统一的继嗣群青年社会的一员。男性成婚生子之后，自己就成为家庭的父亲。继嗣者和婚姻关系的对立因此成为循环过程。房屋空间（图29）上也可发现这种现象。儿童时期是在地处聚落边缘的家庭中度过的，成年之后的年轻人睡在中心区的公房之中，成家男性则携子回到边缘房屋。

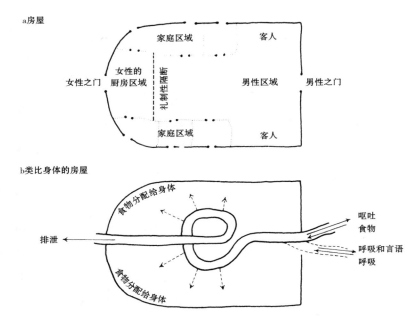

图 29. 皮亚-帕拉纳长屋　a 皮亚-帕拉纳长屋的内部布局；b 类比身体的房屋模型。(Hugh-Jones 1979)

皮亚-帕拉纳的植物性食物存在同样的对立，休-琼斯详细讨论了不同的加工活动如何具有象征意义，如何关联上述社会二分现象。比如，男性与可可和烟草相关，女性则与木薯和胡椒相关。当在一座被焚烧后的房屋废墟上耕种时，四边及女性空间里种植胡椒，中间和男性空间则种植烟草。同样，动物性食物的"世俗"世界也是高度复杂的象征意义的基础。男性与不稳定的食物来源，比如狩猎相联系，而女性则与树薯相关。男性与野生食物相关，女性则与栽培食物相关。屠宰、清洗、割解、烹饪和食用肉食是通过婚姻或者劫掠获得外来女性、男性控制妻子的生育能力、怀孕、生产和社会化的隐喻。

情境研究颠覆了本书的组织，因为按照文化过程的关系类比应有的方式，它们跨越生计、聚落和仪式等类别。因为前章已经讨论过垃圾的象征性组织，我们不妨看看皮亚-帕拉纳是如何处理垃圾的。房屋之中，男性空间前和四周都保持清洁，但是女性房屋门外和女性工作场地却堆满垃圾。正如图 29b 所示，食物被带入、使用和遗弃的过程将垃圾和粪便联系起来，女性在这个模式中地位突出。

姑且不论细节，非常清楚的是，生计活动的组织必须通过与同一个文化情境中其他类型信息进行比较才能得到理解。从各种关联和对比中，我们有望建立起可以运用更多通则性阐释模型的全幅图景。尽管休-琼斯没有提炼出关于社会、象征和生计之间关系的通则，但是，她的工作昭示了值得追求、适宜作为普适阐释模型基础的民族考古学类型。

第六章 社会组织

前揭诸章已经屡屡提及，遗弃、生产、生计和社会关系的组织之间紧密相连，关系类比必须结合社会情境。事实上，遗弃、生产和生计都可被算作社会范畴的组成部分，因此，重建它们就是重建社会组织。但是，传统上，对于考古学家而言，社会组织指人类群体的特定属性，特别是人口规模、亲属关系和交换模式，以及人际关系等级程度。作为这些特征的指标的资料主要包括聚落模式、墓葬组织和交换物品的地区分布。然而，我们可以看到，如果将聚落和墓葬模式视为自身之外的社会侧面的"指标"，这个观念可能本身就是错误的。

聚 落

当发掘一处假定为聚落的遗址时，立即出现的问题是如何将柱洞、基槽、活动面和灰坑转变为聚落活动场景。各种遗迹现象表现了什么？柱洞的模式意味着什么？假如考古学家可以分辨出年代不同的各种遗迹（柱洞、活动面等等），民族志模型就可用于辅助重建。第一章中,环状柱洞模式被解释成圆形窝棚。第三章讨论了可能影响聚落证据的各种埋藏和后埋藏偏见。将各种遗迹与单一功能联系起来造成的种种问题使本章对遗址上特定遗迹的阐释困难重重,它们可能具有多种用途。

为了探寻聚落遗迹功能的不同阐释的类比完全取决于被研究的考古学个案,在此我仅讨论适用于过去一时一地——英国南部铁器时代的民族志资料。灰坑是这个时期聚落遗址的常见遗迹之一。在发掘小伍德伯里(Little Woodbury)聚落时,博苏运用民族志类比,反驳将其视为地穴式居址的传统阐释,提出它们用于储存粮食的新论(Bersu 1940)。他引用了中世纪匈牙利和现代罗马尼亚的类似遗迹,以及北美奥哈马(Ohama)印第安人的"窖藏"。尽管铁器时代的灰坑可能具有多种功能,按照艾里森和德瑞特的说法,就功能而言,敛口灰坑近似于同样被防潮防虫问题困扰的新西兰毛利人的灰坑(Ellison and Drewett 1971)。由于环境情境近似,两者在社会组织和规模上呈现出平行关系,铁器时代的灰坑可能与毛利人灰坑功能一致。毛利人用灰坑存储谷物和水。他们说,存储是防止谷物遭受虫害和霉变的必要举措。

博苏沿袭了皮特-里弗斯的观念,将第一章描述的四柱结构视为架空粮仓(图3),并且以现代荷兰及其他地方的类似案例为佐证。但是,对于如此简单的柱洞布局而言,尚有其他多种可能的功能(参见图30)。柱洞之外的信息有助于区分不同功能。比如,在铁器时代的英国,四柱布局常常出现在聚落边缘,赞比亚罗兹人某些聚落的粮仓也是如此(图31)。貌似言之有理。但是,

第六章 社会组织 123

图 30. 采用方形立柱布局的不同建筑 a 赞比亚西部的谷仓。b 肯尼亚的晾架。c 杨克顿的脚手架墓葬。(Ellison and Drewett 1971)

在部落战争情境下，因为有被攻击之虞，毛利人不会将仓储放置在聚落边缘（Ellison and Drewett 1971）。在同一位置上，他们会搭建起四至六柱的木质战斗平台。英国铁器时代烽烟四起，山地要塞边缘的四柱建筑也有可能与防御相关。情境支持这种使用方式，但还支持其他使用方式。比如，密西西比河流域的印第安人（即杨克顿人［Yankton］，图30c）将尸体放置在7—8英尺高、10英尺长、4—5英尺宽的脚手架上。在英国铁器时代的很多地点，墓葬遗迹罕见，但是，正如艾里森和德瑞特指出的，聚落遗

124 现在的过去

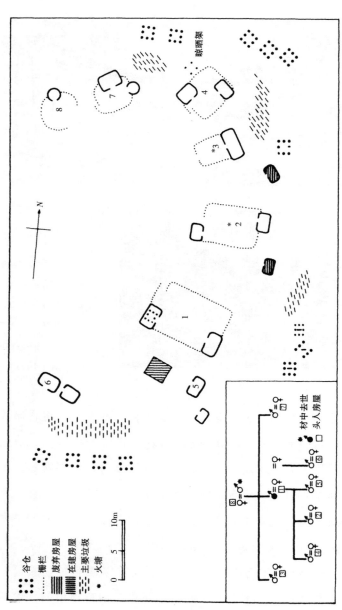

图31. 赞比亚西部罗兹人村落边缘的谷仓位置

存中常常发现人类骨骼残片，或散布在遗址上，或埋藏在灰坑中。尸体有可能就是暴露在脚手架上，任其分解，随后捡骨，有时骨屑就混入到聚落垃圾之中。

四柱建筑可能比书中其他个案更好地揭示了考古学家无力分辨不同的预设，在情境中寻找相关材料也无济于事。本案例之中，即使我们知晓，跨文化意义上，拥有四柱建筑的社会中，一定比例用作粮仓，这也无甚裨益。在判断不同的类比中，需要考虑资料的其他特征，诸如柱洞的具体深度和规格、距离、特定谷物在柱洞及周边的分布，以及作为储存谷物之用的灰坑在聚落中的空间关联（参见第一章）。考古学家按照这个办法得到阐释，在接缝和灰泥还需要再检验和再评估的基础之上，建立起脆弱的假设大厦。但是，任何阶段，无论比较多少情境，都不会只得到唯一答案。

我们以为，在建构假设时，考古学家至少可以确认什么是聚落。不幸的是，即使这个预设也需要审慎考虑。在很多文化中，我们先验性认定的与聚落相关的活动实际上大多发生在遗址之外（Foley 1981）。聚落遗址应该指各种人类活动发生的全部区域。即使是图28e所示复本也只提供了局部场景，因为众多活动都发生在营地之外。因此，在特定情境中，有可能确认出边界分明的若干类别遗址（如营地、屠宰场等），但是，在其他个案中，要么活动的空间位置本就缺乏痕迹，要么由于埋藏和后埋藏扰动，遗址边界难以界定。

在确认活动、结构和遗址的起始阶段，各种预测不可避免（Bonnichsen 1973；Lange and Rydberg 1972）。一个小游戏是，当发现一处晚近才被遗弃的营地或者聚落时，首先让考古学家进行"盲释"，然后找个乐意配合的原居民，看看他如何评判。当博尼森在阿尔伯特的一处印第安人营地遗址上尝试这个游戏时，他犯了四个常见错误：（a）器物识别错误，并且归入不当类别；（b）器物之间的关联错误；（c）活动区域被错误阐释；（d）活动区域之间的关系也被错误阐释。

尽管博尼森、兰格和利伯格在重建中并非全盘皆错，但仍有必要更主动地指出，考古学家怎样才能提高阐释可信度。他们的工作的确揭示，在辨识和阐释功能的初级层面，存在仔细阐发类比模型的需求。但是，诸如英国铁器时代的四柱建筑的阐释需要和为什么当地会出现建筑、遗址是如何整体性组织的阐释结合起来。这正是我希望转向的高级层面。

一旦可以确认遗址和居住范围，就能评估其规模。从房屋和聚落的规模，考古学家尝试得到社会组织的最重要的侧面——人口规模。在李和德瓦尔的书中，狩猎—采集者居住单元的人口数量被推定为诸如 25 的"幸运数"。这种民族志信息鼓励考古学家确认了估算人口规模的方法。纳罗尔（Naroll 1962）提出，聚落规模是很好的人口估算方式，并建议采用人均 10 平方米居住面积的估值。因此，我们可以"简单"（尽管明显存在某些困难）计算遗址居住面积，除以 10 就得到人口数量。

西南亚考古学家长期使用如纳罗尔提出的大约估值，预计聚落范围内每英亩容纳 100 或者 200 名居民。克莱默和苏姆纳的民族考古学工作已经揭示此类方法的长短优劣（Kramer 1979,

1980；Sumner 1979）。在伊朗扎格罗斯山脉的传统村落中，克莱默发现，建筑特征和规模才是最好的人口测算方式。人口和围合区域、有顶建筑区域和居住区域、厨房和起居空间之间都存在关联。在扎格罗斯山区，考古学家使用的其他测量方式，比如墓葬材料、区域性食物资源的属性、磨石、容器或窖穴数量，都不是可靠的估算工具。另一方面，人口以外的一系列因素都会影响聚落规模。比如，克莱默注意到，亚洲西南部的不同地区，每英亩居住人口数量各不相同，在全境范畴使用统一估值无疑是不准确的。克莱默感到，在气候和生活方式基本保持不变的情况下，现代西南亚的资料可用来估算同一地区历史时期人口。但是，当地却存在着显著变迁，气候和经济与规模—人口关系相关也纯属无稽之谈。它们可能并非情境之中最为相关的部分。

在寻找更多相关变量过程中，克莱默发现人地估算方式可能随着遗址规模或者等级而有所变化。等级更高的遗址，承担了更多的管理功能，单位面积容纳的人口可能与等级较低的遗址不同。更一般而言，居民密度会随着遗址规模而变。苏姆纳发现，在伊朗西南的法尔斯省（Fars）的现代村庄里，大村的人口密度常常高于小村。在大量世界样本中，弗莱彻证明，在包括城市在内的各种聚落类型中，大型样本中很少见到低密度人口（Fletcher 1981）。威斯纳以数学方式提出了这个论点（Wiessner 1974）。通过回归分析，她表明，根据纳罗尔等人提出的公式，人口规模是聚落规模和常数的函数。但是，布须曼人营地的资料表明，方程式需要添加另一个参数，比如，随着聚落规模的增大，常数本身也会发生变化。随着聚落规模增大，常数（比如，10平方米）需要乘以另一个参数。然而，威斯纳指出，"另外的"参数自身也随着一系列社会和文化因素而变。换言之，聚落规模对地域—人口关系的影响可能也取决于其他变量。

正如克莱默在扎格罗斯山脉所见，其他变量之一可能是居民的财富。另一个变量则是功能。在俾路支地区，庭院规模可能表明是否蓄养家畜以及家畜的种类，而不是财富或者人口规模（Audouze and Jarrige 1980）。克莱默发现，随着人口类型的变化，测量人口的最佳方法也不同。在扎格罗斯山脉，如果希望判断对偶家庭数量，房屋数量可能是最好的测量工具。但是，如果希望估算人口数量，居住空间（即起居室和厨房）的规模更为可靠。在判断聚落的财富上，居住空间又不如聚落空间总量有效。

考虑到可能影响人口估算的所有因素，如果在某些案例中，聚落和人口规模之间没有任何关系也不足为奇。破解这种复杂局面的唯一方法就是更多地理解组织和控制聚落和人口密度的过程。目前我们已经确认了一系列对应关系，但是对因果关联的理解还不够透彻，比如，为什么在大型聚落中，人口密度会增加？为什么财富影响人口密度？如果不检验关联的成因，考古学家将难以得到对过去人口规模的可靠评估。这是因为考古学家无法判断，在特定案例中，哪些可能影响人地关系的因素是相关的。只有知晓过去情境的哪些侧面与问题相关，才能实现可靠评估。比如，我提出，遗址中的经济可能无关紧要。威斯纳（Wiessener 1974）提出了相反看法。她也许是对的，但是我会首先希望看到经济为何相关，以及在何种情境中相关。同样，如果我们能够理解为什么聚落规模影响人地关联，我们就可以判断，在特定的过去的情境之中，这个变量是否重要。

尽管关于密度容忍程度的心理学研究汗牛充栋，很少有民族考古学研究提出与人口规模和密度相关的"为什么"问题。弗莱彻指出，限制人口密度的关键因素可能是人类大脑处理信息的有限能力（Fletcher 1981）。随着密度增加，人际交往的频率也随之增加，直到达到某个时刻，大脑无法再处理接收到的新刺激。但是，在此临界线之下，人们能够坦然接受的人口密度却有相当程度的差异。这里还有文化影响。创造人员流动的环境，或者限制与特定人物的接触，都可以降低人际交往。因此，就像苏姆纳在伊朗观察到的一样，村落布局会影响人地关系。其他的象征性和社会性策略可能将人际关系简化成重复性、可预测的行为和符号，这就支持了高频率互动（Forge 1972 表明，礼制和社会等级就出现在这样的情境之中）。

这样，解释人地关系的原因之一就是信息流的沟通。正因为如此，在互动和信息流的组织更集中的大型节点里，人口密度更高。另一方面，因为居住于此的其他优势（比如更多的服务功能、政治纽带）克服了高人口密度带来的不适，人们可能会忍受大型中心的人口密度，移居中心的诱惑提升了人口密度。因此，在检查人地关联时，在考古学个案中，我们不仅需要考虑不同规模的聚落在布局和社会结构上是否相似，也需要考虑更大的中心是否提供了更广泛的功能。这就是在运用类比时，知晓对应关系为何发生的价值的佳例。如果信息流的确是聚落规模和人地估算之间关系的主要原因，则只有在大型中心的信息布局和流通不同时，聚落规模才与聚落模式的阐释相关。如果大型中心只是规模更大，内部结构上和小型中心毫无差别的话，则无须考虑聚落规模参数，直接运用人口—地域关系估算。

除了信息流，空间及其数量也是重要的、可以社会性操纵的象征性载体。这可能是财富影响人地关系的原因之一。比如，高等级个人可能通过空间表明威望和慷慨。这种效应取决于文化情境，我们也深知，对待人与人之间距离以及拥挤程度的态度，因文化而异。民族考古学家尚未将对这些差异的解释结合到对聚落规模的研究中。

在规模乃至定居生活上，很少有研究将聚落组织特征与整体文化情境联系起来。尽管我们已知定居生活的各种关联，对它们的理解却不多。第五章讨论了与生计策略相关的聚落移动性，本章也考察了聚落移动性和定居生活的社会关联。但是，增加"社会"层面并不意味着全面的情境研究。

尽管存在争议（Harpending 1976），若干研究者将定居生活与出生率和人口的增长联系起来（Lee 1972；Binford and Chasko 1976）。然而，资源本土化、人员被吸引到贸易行业、邻近的社会群体阻碍迁移都可能导致定居。希契科克（Hitchcock 1980）对博茨瓦纳东部布须曼人的研究确认了五种关联，本章总结如下：(a) 在移动的狩猎—采集者环境中，营地偏小，大致呈圆形，窝棚朝向公共劳动空间。营地内几无功能区分。在定居案例中，房屋任意分布，有分区栅栏和专门的劳动空间。房屋出现"财富"差别。（b）定居环境中的活动出现年龄和性别差异。（c）族群定居程度越高，聚落上开展的活动越多，因此食余垃圾越多，垃圾的清理活动也越多。狩猎—采集者遗址上将活动与物质残余联系起来的机会更多，尽管这种关联还存在明显争议（参见第三章和 Binford 1978；Yellen 1977）。（d）定居遗址上有更多的专业化工具和加工场所。（e）与定居生活相匹配，狩猎策略的本质也发生了变化。比如，狩猎旅程可能更长，覆盖地域更广，使用陷阱更多。希契科克的研究局限于上述特征，因此无法理解为什么窝棚以所见到的方式分布。当然，窝棚的环状分布和狩猎—采集者或者非定居人口之间并无普遍联系。正如第三章所示，对于垃圾再组织的原因的阐释也很复杂。

聚落内部布局还有其他跨文化对应关系，同样问题也屡见不鲜。比如，随机抽取民族志地图项目中的社会样本，都显示在圆形房屋和相对非永久或者移动的聚落模式之间，方形房屋和更永久的定居社会之间存在显著关联（Robbins 1966）。怀廷和艾瑞斯（Whiting and Ayres 1968）证实了这种关联，发现拥有圆形房屋的社会倾向于一夫多妻制，而方形房屋社会则倾向于一夫一妻制。人们可能认为可以通过评估关联本身或者寻找其他关联，确认此类关联的动因。我们可能注意到，在当今城市之中，鹳鸟数量和婴儿数量存在密切关联。我们可能相信，鹳鸟带来婴儿。但是，真正的原因是鹳鸟在烟囱里建巢，而婴儿数量和烟囱数量可能存在关联。如果无休无止地寻找与婴儿数量和鹳鸟数量相关的所有事物的话，即使不是毫无可能，至少也是非常困难的。判断不同假设的唯一方式是在个案中检查婴儿是否是鹳鸟生产的，以及观察鹳鸟的生活习惯。

在聚落模式的社会尺度的跨文化研究中，如果我们思索哪个案例提供了关于关联的动因的洞见的话，这个小寓言就变得休戚相关了。恩贝尔（Ember 1973）阐发了婚后居住形式的考古学指标。它表明，在任意挑选的民族志记录的社会中，从房屋的平均起居生活面积可以简单而准确地预测入赘居（婚后男方移居女方家庭之中或者附近）及与之相对的从夫居（女方移居男方住所）。两组随机样本中，前者收集了多达 18 个从夫居和 4 个入赘居社会。没有明确表现出从夫居或者入赘居的社会忽略不计。平均起居面积分别达到 326 平方英尺（标准偏差 547）和 868 平方英尺（标准偏差 179）。测量地面面积采用平均值。在拥有季节性居址的人群中，以房屋面积最大的季节为准。当居住房间超过一间时，房间面积将会叠加计算，但存储以及特别的烹饪空间不计在内。后者以相同方式收集资料，10 个从夫居社会的平均生活面积为 232 平方英尺（标准偏差 140），5 个入赘居个案则达到 1236 平方英尺（标准偏差 814）。

其他变量，如某个地区人口骤减或者商业贸易的出现，都会扭曲婚后居住形式和房屋规模的关系。如果使用这些数据，考古学家需要确认非存储或者烹饪区域，以及房屋和房间的功能。使用无误的话，恩贝尔提出，如果房屋的平均起居面积大于 550—600 平方英尺，就可能属于入赘居，如果平均起居面积少于 550—

600 平方英尺，则可能是从夫居。

恩贝尔提出的理由是，入赘居社会中，女性是共同成长的，习惯于共同生活，就像居住在大屋之中的一夫多妻一样。而在从夫居社会中，女性倾向于单独居住。迪瓦尔（Divale 1977）循用了恩贝尔的结论，但是理由不同。迪瓦尔提出，入赘居社会外部战争不断，但内部高度团结，几无不和。他们也倾向建立男性公房和入赘婚制。在男性利益集团瓦解，本地社区的男性皆为外来人时，本地趋于稳定。较大的房屋就反映了社区团结，绝无争执。

两种阐释都存在显著的危险，因为婚后居住规则被认为是"预定的"，并"导致"其他属性。事实上，入赘居和从夫居、房屋规模和划分可能都是涉及男女关系的其他基本过程的表面效应。如果只是拼凑各种对应关系，提供先验判断，我们就无法理解跨文化关联的原因。恩贝尔和迪瓦尔可能都对，也可能皆错。相关性可能存在总体原因，也可能依情境而有众多原因。就像鹳鸟案例一样，民族考古学家需要仔细观察文化情境中的聚落空间，才能对跨文化调查结果的应用胸有成竹。

恩贝尔的其他研究（比如 Ember 1967，1971，1972）详尽地考察了婚后居住形式的决定因素，但是，考古学家们采纳了不同的策略。宾福德提到（Binford 1976：61），一位苏联考古学家（Tretyakov 1934：141）率先指出，婚后居住形式可以借助聚落之中的陶器图案的分布重建起来。如果陶器内侧指纹表明陶器由女性制作，则在遵循入赘居规则的社会中，陶器图案的形式变化将少于流行从夫居的社会。因为从夫居制度吸纳了一定数量的女性陶工，她们原本散布乡间，各自习得陶艺。如果在村落之中，多个家庭单位共存，不同家庭栖居在村中不同部分，在入赘居环境下，母亲教授陶艺给女儿，长此以往，村中不同片区将以不同的风格和图案为特征。在从夫居情况下，每个妇女制作陶器的风格可能近似于她婚前在"娘家"习得的，但是数代之后，这种变体就不再稳定地与村落之中特定片区相关了。因此，如果陶工是女性的话，入赘居与家庭内部图案统一和家庭间图案差异相关。从夫居则与图案差异相关。迪兹（Deetz 1965）、希尔（Hill 1965, 1970）、郎艾克（Longacre 1964）和瓦隆（Whallon 1965）都进一步完善和发展了这些模式。

陶器图案的此类"社会学"阐释建立在族群文化表达的同质性与族群结构的同质性同步的假设之上（Binford 1972：62）。很多民族志信息却表明，难以作出如此假设。比如，斯坦尼斯拉夫斯基（Stanislawskis 1978）对霍皮-特瓦（Hopi-Tewa）的研究表明，女性陶工也可能模仿母亲以外其他人的风格。的确，她们可能采纳自家以外的陶工的风格。如果一位女性嫁入一个（从夫居）村落，她既可能制作与出生村落近似的图案，也可能采纳新村落的图案，借此表达希望被接纳和受欢迎的愿望。同样，在同一个村落成长和结婚（入赘居）的女性如果希望建立社交藩篱、自我隔绝和排斥他人的话，可能会制作显著不同于邻居或者母亲制作的陶罐。陶器图案不会直接而被动地反映族群组成。相反，图案就是灵活运用的社会策略的组成部分。

一个赞比亚罗兹人的村落更清晰地说明最后一点（Hodder

1981b）。图 32 中的陶罐出自同村三位女性之手。制作 A 组陶罐的女性是村落头人的妻子，在迁入村落之前从母亲那里学会制陶。她常常以特色鲜明的独立红色三角形装饰陶罐。她的儿媳制作了 B 组陶罐（图 32c 右侧），采用了非常接近的图案和尺寸。然而，她并不是从婆婆那里学会制陶的。在搬入村落之前，她已经掌握了制陶，但显然模仿了婆婆的风格，或者被婆婆模仿。制作 C 组陶器的妇女展示出相反的纹样（图 32c 左侧）。她嫁给头人的兄弟，通过观察其他两人偷师学会制陶。但是，她的陶器不同——素面，尺寸也大不相同。

因此，在罗兹人村落个案中，陶器组合并不会随着村落人口组成（依来源地或出生地判断）而直接变化。在本例之中，村民婚后采取从夫居。但是，陶工能够选择她们所用的图案，因此，在居住模式和陶器组合上也没有直接关联。如果希望理解罗兹人村落陶工为何制作如此图案，我们就需要详尽地观察日常社会过程和陶器图案在村落中的灵活运用。村中最长者——头人和他的兄弟（制作 C 组素面陶器的妇女的丈夫）之间存在对抗。这种对抗造成了头人兄弟的妻子与其他二人的不睦。A 组陶器出自头人妻子之手，类似的 B 组出自头人喜爱的儿子的妻子之手。两位女性之间的情谊和共同感受表现在陶器上，尽管她们是在互不相干的村落里学会技艺的。头人兄弟的妻子制作的不同的陶器反映了村中两个群体以及头人兄弟之间的分歧。但是，陶器图案并不是简单地"反映"共同情感或者社会分野。它们也能拾柴添火。因此，头人兄弟的妻子没有屈从制作类似陶器，加剧了村中矛盾。

图 32. 赞比亚西部罗兹人村落妇女生产的陶器　a 村落全景；b 从左到右，在村中独立制作的 C、B 和 A 三组陶器；c（左）C 组素面陶器和（右）B 组陶器细节；d A 组陶器细节。

所以，我们需要再度强调，仅仅寻找社会组织和聚落中器物模式的简单对应关系是不智之举。即使可以确认跨文化关联，我们也需要知道它们为什么发生，这就包括了详尽地观察社会过程和物质象征的机制。只要我们仔细观察了特定案例中的鹳鸟和婴儿，就能更好地理解和阐释过去。

确认物质模式的跨文化对应关系的尝试之所以失败，主要是因为物质文化不是群体构成和人类行为之间的被动"镜像"。聚落空间和人口规模、圆形房屋和一夫多妻制、图案分布和婚后居住形式之间都没有简单的对应关系。因为聚落空间、房屋形态和陶器图案都被积极地用于表达，也影响了鲜活的世界，因此，在任何特定的社会情境中，人们为了实现熟悉的目标而寻找全新的规则；物质世界被操控用于制造象征性和情绪性效果。

和所有的物质文化一样，聚落模式不会直接反映社会组织，但却基于社会组织而组织起来的。西非塔伦西人（Tallensi）的分散型聚落模式是紧凑密集的社会结构的补充形式。人为建构的物质世界常常提供了人类经历的其他领域的替代选择——发泄、逃避和对抗。在民族志调查显示的平等社会里，如果聚落模式上呈现出可被考古学观察到的显著的财富分化，这也合情合理。比如，聚落中某些房屋更大、更富裕。财富的表现可能是推崇个人努力的意识形态的组成部分，与实际权力、特权或者身份无关。事实上，聚落模式上的等级可能正是其他领域约束等级化的应对方式之一。

聚落空间和空间中人口移动的组织灵活地成为社会关系的组

成部分。这种效果是象征性的和充满意识形态的，正是我们即将讨论的聚落模式的再现性侧面。在大量涉及聚落空间的象征意义的人类学文献中，我仅举数例。正如第五章结尾提及的休-琼斯的工作，这些研究的考古学价值在于，在文化情境中，聚落空间象征性地、在意识形态意义上与生活的其他侧面相关。某些个案尝试考察聚落组织是怎样"发挥作用"的。

图 33 显示，班图南部斯威士人（Swazi）家园以牛棚为中心，大屋在西侧，这是遵循上西下东、从中心到边缘/周边等基本维度组织起来的。类似方案组织了窝棚内部。根据这个布局，男女在屋内不同地方进食和工作，客人被安排在特定区域，神圣区域与祖先有关。民族志中常常可以观察到聚落空间精心设计的、重复的秩序（一个鲜活而经典的例子参见 Humphrey 1974），考古学

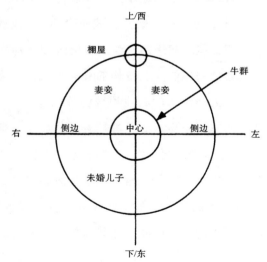

图 33. 斯威士家园的象征维度（Kuper 1980）

中亦可见到（Clarke 1972；Hodder 1982c）。在南部班图人案例中，库珀（Kuper 1980）没有为可被观察到的模式提供详尽的社会意义，但是他的确表明，在相同的文化情境中，同样的模式如何规范生活的众多侧面。这就是考古学家有望确认（比如 Hodder 1982c），并且以此为基础重建聚落空间象征意义的转型（图34）。斯威士葬仪和婚礼都以类似方式组织；它们都无外乎储存、脱壳、烹煮谷物和食用肉类。

其他的民族志研究都结合和评估了象征性再现及补充手段如何在社会关系上发挥功能。聚落和房屋形式是在通过社会文化力量表达的种种理想生活图景中做出的选择结果。尽管气候、遗址、物质和技术可能制约建筑形式，但并不能决定它。通过考察美国西南部同样的干燥环境中形式显著不同的两组房屋，拉帕波特表明（Rapoport 1969），相对于物质条件，象征意义对聚落建筑更为重要。这两个社会单位分别是普韦布洛印第安人和纳瓦霍人。

普韦布洛人建造拥有公共室内空间的集体住宅，区分程度不明显（图35）。整个建筑向内朝向基瓦（kiva）教堂，基瓦教堂采取早期房屋形式，是神圣和礼制的中心。村落，特别是基瓦教堂，以太阳运动和冬至和夏至点确定方向，进而与礼制性周期相关。以基瓦为中心的宗教和礼制知识掌握在男性手中，也是他们权力的基础。拉帕波特指出，对聚落空间的象征意义的控制、空间中世俗和非世俗领域之间的呼应，都可用于攫取社会优势。但是，按照拉帕波特的说法，以女性为中心的亲属体系拥有互补权力，即使在成婚之后，男性真正的家还在母亲的房屋之中。

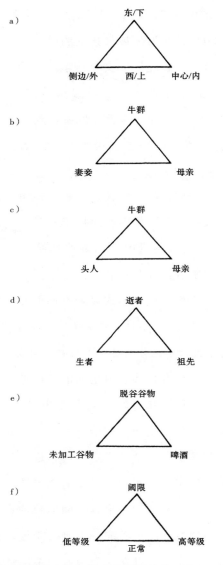

图 34. 斯威士象征维度的图示总结 (Kuper 1980)

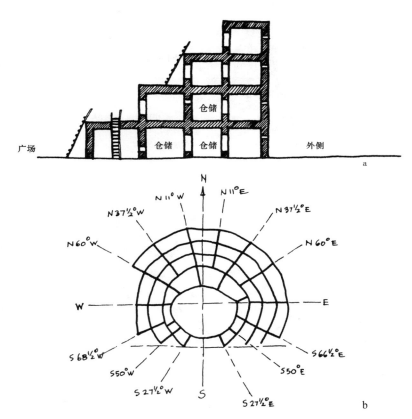

图35. 普韦布洛村庄　a 想象的普韦布洛台地剖面（未按比例尺）；b 显示朝向的科罗拉多艾默生遗址（Emerson Ruin）略图。（Rapoport 1969）

另一方面，纳瓦霍木屋并没有社会性地组织起来，也没有朝向内部，而是每个单独的家庭住宅朝向外侧。木屋也以与太阳运动相关的宗教性和神话性模式为轴向。布局之中，男女分开，女方在南侧，男方在北侧（图36）。

纳瓦霍人和普韦布洛人物质环境相同，由经济和技术基础近

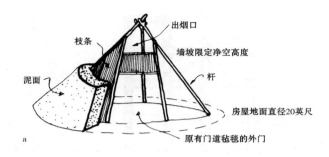

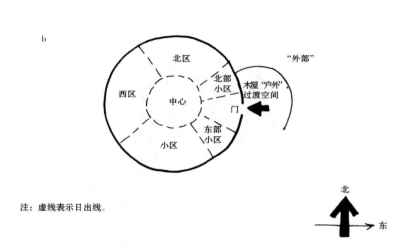

图 36. 木屋　a 木骨泥墙结构；b 所有泥顶木屋建筑的内部布局图。（Rapoport 1969）

似的人们构成，两者之间维系了数百年的交往，在众多方面深刻地相互影响，在外都受到与西班牙和美国接触的影响。但是，他们的聚落形式结构不同（图 37）。拉帕波特的范例使我们辨析出什么变量与解释房屋形态相关。非常清楚，物质条件不足以解释聚落模式为何有别。我们必须超越物质世界，关注两种文化情境中的其他特征。图 37 总结的结构模型认为纳瓦霍社区褒扬外向个性，普韦布洛村落则向往社区和谐。这个根本差异也反映到其他侧面。纳瓦霍语言精确界定类别，纳瓦霍人憎恶死亡和死物，更易接受外在革新；他们的艺术自中心开始，向外铺陈，种植玉米也是从中心开始，螺旋式向外扩展；他们对于身体暴露非常敏感，因此在室外隐蔽处排泄。另一方面，普韦布洛人强调生死相连；他们的艺术从边缘开始，向内推进；过去的卫生条件颇为恶劣。

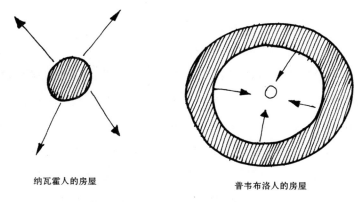

纳瓦霍人的房屋　　　　　　普韦布洛人的房屋

图37. 纳瓦霍人和普韦布洛人的房屋结构差异图示

两种文化的诸多特征，譬如墓葬、艺术和仪式的组织，都会影响考古学记录。因此，考古学家可以将纳瓦霍人和普韦布洛人的聚落模式放置到文化情境之中，观察活动不同侧面的异同。正如我在别处展示的努巴人个案（Hodder 1982c）一样，通过结构性模型，不同情境之中不同类型的证据都联系起来。在纳瓦霍人和普韦布洛人个案中，在表现和再造一系列社会关系上，基本模式发挥了灵活的作用，比如普韦布洛社区中心基瓦教堂就是男性统治区域（图37）。

考古学家为过去的聚落模式寻找的类比不能预测某种形态或者尺寸的窝棚或房屋具有任何普适意义。我们也无法通过观察聚落形态，就"读懂"社会本质。上述范例中，这种观点的谬误尤为清晰。聚落空间是需要独立理解的象征性结构。但是，基本原则纵贯活动的众多侧面，考古学家拥有认知基本原则的资料和能力。一旦被认知，它们的社会重要性就能通过运用更具通则价值的类比而得到评估。比如，男性常常通过控制关于社区和聚落的组织方式的知识获得统治权。第七章将涉及文化情境中，聚落结构和礼制行为异同之间的通则模式。

大量的民族志材料可能鼓励考古学家接受，在聚落遗存模式中能够确认诸如男女、内外、圣俗、高低等对立关系（特别是 Bourdieu 1977；Donley 1982；Moore 1982；Isbell 1976；Humphrey 1974）。聚落模式也很有可能遵循自然规律。聚落布局常常遵循日月星辰的运动，形成显著的朝向和布局。库斯（Kus 1982）等在民族志中描述了日常空间的组织如何成为记忆方式，或者使社会性世界合理化。一般而言，建构的环境就是构成社会策略的意义框架的组成部分。因此，如果聚落空间与自然世界维持了结构性和谐的话，个人行为就可能具有合法性，并且获取意义。聚落模式的考古学阐释的相关变量主要是社会性和象征性的，这正是考古人类学应该特别关注的领域。

墓　葬

如果聚落模式是在社会性世界中发挥了积极作用的意识形态

表现的话，墓葬模式也相差无几。我们会发现，死亡模式是生存模式的补充，而绝非镜像。墓葬和生活其他侧面的关联的通则必须考量意义和意识形态，而不仅限于适应性、功能性效应。

  墓葬中，唯一无需考虑社会性或者文化性情境就可提出跨文化通则的侧面建立在自然物质过程基础之上。比如，考古学家发现某些骨骼不见于墓葬之中，人骨遗骸分解速率的现代研究就能帮助他们发现遗失的某些骨骼。那些罕被发现的骨骼是否就是分解最快的呢？在对墨西哥北部西马德雷山脉（Sierra Madre Occidental）的塔拉乌马拉（Tarahumara）印第安人的18处墓葬洞穴的研究中，帕斯特龙和克鲁劳提供了不同分解速率的资料（Pastron and Clewlow 1974）。尸体放置在洞穴中后，有些骨骼，特别是最重、最致密的股骨，保存的时间超出其他骨骼。洞穴之中可见骨骼数据如下：

股骨	35	肱骨	17
胫骨	27	尺骨	13
腓骨	12	桡骨	7

  整体而言，上肢骨保存状况不及下肢骨。长骨之中，远端保存得比近端好。

	远端	近端
股骨	35	31
胫骨	27	21
肱骨	17	14
尺骨	13	10

墨西哥的骨骼分解的数据可能无法提供适用于其他地区的通则，因为它们是独特的气候环境的产物。西马德雷山脉雨旱两季切换分明。然而，不同骨骼的相对分解速度基本上是骨骼密度所致。某些骨骼，比如股骨，较其他骨骼更致密，因此类似的分解速度广泛见诸世界各地。

很多考古学家主要关注从墓葬遗迹中探索社会组织信息，就基本不太可能依靠自然法则了。尽管如此，仍然有人尝试在不考虑意识形态和文化编码的情况下，探索墓葬和社会的关系。比如，宾福德（Binford 1971）提出，在社会—文化系统中的身份结构的复杂程度和墓葬礼仪待人之道的复杂程度之间，存在紧密关系。尽管他的主张饱受批评，宾福德声称，在40个非国家组织社会的民族志样本中，有部分支持他的假设。坦特尔评论到，宾福德对墓葬实践的民族志调查证明，"墓葬实践多样性应该按照社会系统的形式和组织的多样性，而不是行为的规范性模式予以理解。这个观点虽然仍有人质疑，但确实是不容辩驳的。"（Tainter 1978：107）。然而，和聚落模式一样，葬俗并不是生活其他侧面的被动镜像。它是有意义地建构的，我们的跨文化通则必须考虑到观念和意识形态。

与墓葬模式的社会层面相关的其他"法则"的确考虑了意识形态和法理。比如，萨克斯（Saxe 1970：119）提出一个假设，戈登斯坦（Goldstein 1976）用民族志材料进一步完善和检测，"由于作为逝者后裔（即与祖先的纽带）就能获得、有权使用或者控制关键而稀缺的资源，这些群体将辟出专供逝者的正式空间,反之亦然"。因此,带有边界的正式墓地的出现就与直系后裔群体紧密相关。与耕耘于此的共同祖先——逝者——的纽带是稀缺资源,通常是土地的共同权力的合法性证明。社会与墓葬之间为什么有纽带关系却不是假设的组成部分。通过祖先获得的合法性与逝者的专属空间的关联是什么?资源竞争和通过祖先获得的合法性的关联又是什么?在这些联系中,存在着一系列未经检验的文化规范、信仰和态度。

考量墓葬规范和对死亡的态度的重要性可以以努巴人葬礼为例予以说明。第三章和第四章已经描述了苏丹努巴人的不同侧面,这里将描述麦萨金人和莫罗人墓葬。努巴人使用土葬,常常采用如同倒插的烟斗一样的单人墓。墓口非常狭窄(直径0.3—0.55米),向下逐渐加宽,墓底足以容下直肢葬的尸体。墓口用石头封起,覆盖了小土堆。器物放置在墓葬内部或者上面。墓地分布在山地社会中间或者周边,有时甚至紧邻房屋。葬礼是牛群被大量屠杀的主要场合。取决于与逝者的亲疏关系,亲朋好友可能奉献多达20个牛头。在墓葬的共同特征之外,麦萨金人多萨利(Tosari)社区展现出丰富的地方性细节。男性常常埋葬在左侧,女性则在右侧,直肢,东向。尸体侧卧,一手枕于头下。七窍封蜡,覆盖织物,带有身体装饰。墓葬之中还放置了高粱粉和种子、芝麻籽、酒、水、肉,此外还有已被折断的逝者生前用器(矛,行走、舞蹈和格斗用杖,陶罐,葫芦,盾牌和用于携带陶罐的头环)。物件数量取决于逝者的年龄和地位。封土堆高达0.8米,常常覆盖荆棘。

在多大程度上，已被提及的墓葬习俗跨文化通则与努巴人相关呢？努巴人墓地并无壕沟或者围墙，但是常常有标明墓地四至的土路。因此，萨克斯的社会模式准确吗？麦萨金努巴人是否强调作为同一祖先后裔的土地共有权？

乍看起来，对这些问题的回答似乎是肯定的。早期的民族志记录（Nadel 1947）表明，土地大多按照母系血缘关系传承。任何时候，社区都依赖于祖先投入的公共劳动，即为平整土地、掘井、清理田间石块、施肥、建造打谷场等等而付出的劳动。聚落周边的围合墓葬可被视为对共同所有权和投入劳力之间的历史纽带的强调。

但是，早期民族志调查仅在局部意义上与当下相关。罗登（Roden 1972）提出，全新的社会和经济形式已经形成。传统上居于山顶的努巴人社区显著地向下迁移，年轻人特别容易融入到更广泛而复杂的苏丹经济之中。尽管这些改变涉及不同的社会关系和不同的土地所有权模式，或许正因为这样，墓葬模式仍然是劳力和聚落上的稳定、合作、延续的表达。墓葬习俗仅是理想，并非当前的社会和经济生活实况的全面而准确的反映。随着努巴人资料的增加，墓葬模式和社会模式之间的断裂关系将更加明显。

墓地内模式的另一项特征是墓葬的显著分群。每个组群都有一座主要头人墓葬，埋葬在同一组群的逝者有着千丝万缕的联系。麦萨金墓地里，各个组群对应特定社区分支。聚落相当分散，但是可以分成多个分支，每个分支都埋葬在墓地的特定组群中。

因此，考古学家常用的墓地组群可能与"家庭"或者氏族相关的社会模式貌似适用于努巴人资料。但是，当观察细节时，关联就断裂了。首先，与墓地中的墓葬相比，麦萨金居址分布相当分散，而不是高度集中。其次，墓地组群中的个人可能生活在墓地数十英里开外的旁支社区之中。很多旁支族群仍然自认为从属于族源地，希望被埋葬在祖坟之中。

再次，墓地组群中的女性常常终生生活在其他社区。在麦萨金社会里，从夫居意味着妻子和丈夫共同生活，移居到丈夫的社区。母系继承制意味着儿童与舅舅都居住在母亲原属的社区。因此，很多父母和子女是分离居住的。母亲常常埋葬到她的家庭和子女生活的家乡，而不是她自己生活得最为长久的丈夫所属地区，也不会和丈夫同属一个墓地组群。因此，谁被葬于何处非常复杂，从不直接反映鲜活的社会生活和聚落模式的结构或者本质。墓葬组群中的任何器物在现实生活中都被不同的聚落区域、社会集团和社区分支使用。

墓葬组群表达的并不是社会关系中真实发生的全部，而只是被视为理想——母系族群的理想——的一个侧面。在实际日常生活中，母系脉络常常遭受男性控制和父权竞争的挫折。但是，在死亡上，母系族群是"纯洁"的，没有出现丈夫。就像下文论及的马达加斯加个案，死亡模式仅仅强化了现实世界的局部、被人关注的社会理想。生死模式之间存在扭曲和结构性不适。

墓葬物质组合的复杂性反映了现实的社会复杂性，这一假设也可以通过努巴人个案进行检验。更一般而言，墓葬中发生的事情、墓葬的形式和墓葬仪式都可以按照它们与社会组织的关系予以考量。

努巴人墓葬中，死亡和谷物之间存在明确的关系。墓葬中常常放置了高粱、芝麻籽、面粉或者面渣。在形式上，墓葬和谷仓存在清晰明了的类似关系——它们都有小型拱门和狭长而幽暗的室。原本用于存储谷物、谷物制品以及水的陶罐覆盖了墓门，其方式等同于它们覆盖谷仓顶部的入口。在某些努巴人看来，死亡与丰产形影相随。将死亡和丰产联系在一起也包括将草灰撒在吊唁者身上，甚至用在墓葬礼仪中。草灰与丰饶和力量直接相关，是力量和连续性的象征，在墓葬中就放置在逝者左右。对丰饶的强调表明了对死亡厄运可能伤及作物、家庭或者社会的延绵的恐惧。墓葬中的个人物品——逝者"所有"的物品——常被打碎，这也清除了逝者的不洁和邪气。

努巴人有着强烈的纯洁感。比如，当男人认为女人不洁或者有污染时，就会关注象征性保护清洁，免受玷污——她们单独饮食，并且有严格的经期禁忌。对于这种强烈的纯洁感而言，死亡就是肮脏的威胁。对于死亡的基本态度导致围绕着生死界限耗费了大量精力和仪式。正因为死亡是不洁的，它就会被施加各种仪式。态度也会导致形成死亡仪式的特殊结构。人们用纯洁和力量的象征符号——丰产、谷物和灰烬——来压制死亡。从这个基本态度出发，墓葬的众多特征——墓葬的形态、器具和容器的破损以及若干类型器物放置在墓葬之中或者之上——就能得到理解。不洁的威胁与逝者的社会地位和角色相关。此外，逝者在世时拥有的物件必须被处理掉。通过这些因素，努巴人墓葬见证或者反映了地位、年龄和性别。正是由于努巴社会对死亡的特殊态度，而且必须借助它，社会组织的这些侧面（而不是我们已经见到的众多其他侧面）才"反映"在葬仪上。

如果在考古学记录中，努巴人个案中全然不见这些仪式，死亡也不被视为不洁而令人恐惧，围绕死亡和逝者的仪式都罕被关注，墓葬没有表达年龄、性别和等级之别，我们也不能因此就假设它的社会复杂化程度较低。进而言之，墓葬仪式的复杂程度和区分程度较低，并不必然意味着社会复杂程度较低。随葬品上没有年龄、性别和身份差别，不意味着生者也毫无差别。相反，墓葬区分度变低可能与对死亡态度的转变有关，它们本身又与社会策略的意识形态再现的变化相关。由于文化规则和意识形态的主导地位，墓葬表现的社会组织侧面可能是从实际社会关系中精挑细选的理想，或者可能颠覆、扭曲、与之背道而驰。墓葬的这些特征可见于另外两例。

和努巴人个案一样，奥凯立的英国吉卜赛人研究也揭示出强烈的群体纯洁观（参见第三章），群体纯洁也受到死亡——污染性事件的威胁（Okely 1979：87）。生活之中，吉卜赛人与非吉卜赛人判然两分。吉卜赛人将非吉卜赛人和污物及污染联系起来，部分意义上，这是因为，在死亡的不洁中，吉卜赛人如果死于非吉卜赛人医院，埋葬在非吉卜赛人的教堂墓地里，他就可能成为非吉卜赛人。死亡倒置、掩盖了社会和生者的态度。在死亡中和吉卜赛墓葬上，一切都内外颠倒，当逝者被安放在棺材中时，会身着反穿的新衣。

　　吉卜赛人对死亡的不洁的恐惧导致葬仪的诸多其他特征。在埋葬之前，尸体需停在营地外；逝者喜爱之物的复制品被编作花圈供奉；实际的个人物品（衣服、床褥、个人陶器、工具）都得毁坏后在营地边缘焚烧，在远处深埋，或者投入深水之中。所有这些都是为了规避逝者遗物带来的污染。他的牲畜，马或者狗，都会被杀掉或者处理掉，他的灵车也会被付之一炬。所有成员都会至少短暂地离开死亡发生的营地。

　　吉卜赛人个案再度表明，墓葬研究必须首要关注对生死的态度；作为态度的一部分，我们需要接受对社会生活真相的扭曲、片面表达甚至颠倒。布洛赫对马达加斯加的梅里纳（Merina）墓葬资料的搜集（Bloch 1971）更有力地证明了这一点。在他的研究地域中，布洛赫发现大量墓葬位于祖先来源地，远离逝者曾经生活的地方。在日常生活之中，村庄迁移和拆分，人际关系上存在复杂而广泛的网络。在日常行为范畴，梅里纳农民成为适应他所从属的地区中不时波动的经济和生态的组织成员之一。但是，通过墓葬和神圣行为，他却表现出对截然不同的想象化祖先集团和稳定性的认同。墓葬和葬仪支持了意识形态和社会框架（本地稳定群体），但这种意识形态却从未见于散居网络和人员重叠、组别不清的社会关系之中。墓葬构成对梅里纳社会的流动性的否定。

　　对墓葬的研究不能预期社会组织和墓葬之间的简单对应关系。相反，它们必须建立从现存的实际世界的不同概念中提取对待死亡的主流态度的方法。比如，这些案例表明，强调与他者、与污秽和不洁的关系中的群体纯洁的社会如何以独特方式看待死亡。只有通过这样的态度，葬礼仪式才能得到阐释。

前文提及的跨文化研究声称社会和墓葬之间的关联既真实又直接。为什么局势的复杂性被忽视了呢？考古学家怎样才能从民族志调查中得到如此简单的对应关系？宾福德的跨文化调查（Binford 1971）检验了40个非国家组织社会。样本如何选取不甚清楚，但是由于资料匮乏，宾福德无法检验死亡和社会组织之间的对应关系。他只能退而求其次，将死亡实践与生计方式对应起来，间接地检验关联。这样，真正的关系被掩盖、因果过程被遮蔽，就不足为奇了。

因此，在社会和墓葬组织的关系上，有必要对民族志资料进行谨慎、详尽而具有批判性的考察。与现存调查不同，全新的工作必须尝试不仅分类和对应，也要阐释。作为本章涉及的起步工作的结果，这种阐释必须符合对死亡的态度，以及态度与实际生存系统和相关信仰的结合方式。在死亡问题上，人们常常变得和生活中大相径庭。何时、为何及如何至此，都尚未得到彻底理解，我们不能贸然提出简单化和直接关联。

交　换

不论直接或者间接，出自同一地点的器物的分布为考古学家重建过去的社会组织提供了重要信息。当钱币、陶器、石斧或者金属矛头等器物人手相传时，考古学家称之为"交换"，这个术语有时有别于被界定为"贸易"的更制度化的大规模经济交易。历史上，交换或者贸易的器物可能集中分布在主要城市中心，表明从中心"再分配"出去。或者，从源地开始，出现频率逐步衰减，因此推断沿途出现了"互惠式"交易。但是，"再分配"和"互惠"术语源自何方？考古学家如何将地图上标出的器物和交换过程联系起来？

在某些个案中，考古学家可能拥有有助于阐释器物分布模式的历史信息。比如，英格兰中世纪，经水路输送陶器可减少破损和降低运费。价格差异的结果在考古学上表现为陶器沿水路分布远广于陆路。当这些历史信息不可得时，就容易假设现代交换过程也见于过去。比如，在讨论英国的新石器时代石斧的交换时，就存在对石斧从源地到次级市场的"批发"的论调。批发和经济利益的观念可能完全不适用于史前交换。

民族志材料使我们意识到，史前交换关系可能与西方世界中我们习以为常的关系截然不同。在访问澳大拉西亚（Australasia），熟悉了传统石斧交换系统之后，克拉克提出（Clark 1965），英国新石器时代石斧是通过礼制性礼物交换在人们之间流传的。澳大拉西亚模式令人感兴趣之处是在无需人们跋山涉水的情况下，石斧可以人手相传，行之甚远。这个观念看似适用于英国新石器时代的小规模社会。澳大拉西亚，特别是新几内亚，成为史前交换类比的重要来源，对于英国新石器时代石斧（Strathern 1969；White and Modjeska 1978）尤其有效。1966年，查普尔（J. Chappell）发表了出自新几内亚东部源地的石斧分布的定量信息（图38）。

地图上的东西之分可能和语言分界相关,也体现在石斧形态的差异上。卡飞图(Kafetu)采石场生产一种截面为双凸形的石斧,而其他采石场则生产直刃石斧。麦克布莱德在澳大利亚也发现了交换模式上的文化或者语言边界的类似证据(McBryde 1978)。通过寻找被交换的物件衰减模式的"奇想",以及与其他文化物质模式进行比较,我们就能在考古学上找到这种效应。

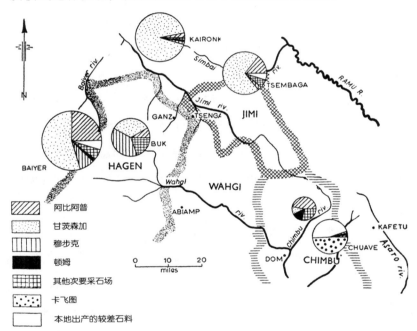

图 38. 新几内亚高地不同地点出自不同采石场的石斧比例 图中显示了中部语族的 Hagen, Wahgi, Jimi 和 Chimbu 等语言区域。(Chappel 1966)

在特定的类比之外,考古学家需要更宏观地理解交换的社会情境。考古学家频繁使用的框架出自经济人类学家中的实体论学派(Polanyi 1957; Dalton 1969)。对这个学派而言,经济蕴藏在社会关系之中。人际关系,以及交换的不同类型,比如互惠、再分配和市场是核心。对于作为整体的社会而言,不同类型的交换实际上是整合原则。其他的人类学家(比如 Sahlins 1965, 1968)将传统交换的不同类型与进化框架联系起来,比如互惠关系对应分散型社会,再分配对应酋邦和国家。在很多考古学家看来,这种进化主义模式是将历史上的交换与社会关系联系起来的便利之道(如 Pires-Ferreira and Flannery 1976; Renfrew 1973a, 1973b, 1977; Hodder 1978a)。其他的实体论概念,诸如"贸易口岸"以及对钱币的实体论定义都用于对考古学材料的阐释中(Hodder 1979a)。更普遍地说,在对史前交换过程的研究中,民族志模式的广泛运用会造成将交换机制理解为社会进程的组成部分,认为它承担了提供基本资源、维持联盟、建立威望和身份的功能(如 Rowlands 1971; Clark 1965; Hughes 1977; White and Modjeska 1978; McBryde 1978)。

夏普对澳大利亚的伊尔约龙特人(Yir Yoront)的分析就是总结了交换和社会组织之间普遍关系的民族志研究之一(Sharp 1952)。在这个族群中,年长者的地位与其控制石斧的交换有关。石斧被借给妇女和年轻男性,通过控制石斧,年长男性控制了劳动力、威望和地位。当钢斧越来越容易得到,可以摆脱老年男性的掌控流通时,基于控制和租借石斧的尊卑关系就被打破了。史前考古学中常常可以见到类似关系。比如,在东欧尼特拉(Nitra)的新石器时代墓地里,广泛交易的石斧和贝壳仅见于三四十岁以上的男性墓葬之中。我们有理由相信,年长男性的地位就建立在可掌控的交易基础之上。其他的考古学研究（比如 Bender 1978；Frankenstein and Rowlands 1978）也表明，等级身份可以通过垄断珍贵交易物品及其处置获得。

　　另一个通则假设与贵重物品和食物的流通有关。谢拉特采纳了拉帕波特的观念，认为珍贵物品的交换可能成为产能不一的地区之间交换生计物资的"飞轮"（Sherratt 1976；同时参考 Wright and Zeder 1977）。霍尔斯特德提出，交换可以成为社会存储的形式（Halstead 1981），抹平生计资源上的地区差异和不稳定，他指出，珍贵而耐用的代币的使用提供了一种机制，确保食物交换活跃在无远弗届的交流网络中，而不仅限于直接的互惠关系。人人参与到社会交易中，承担了为生产不稳定的地区和季节提供食物的义务。食物和威望物的交换网络推动实现生产效应最大化。不幸的是，在普莱尔（Pryor 1977）对交换类型的跨文化分析中，无法确认食物的互惠式交换与非食物的互惠式交换或者礼仪性交换之间的密切或者必要的关联。罗兰兹（Rowlands 1980：46）注意到，在等级社会里，兵器、装饰品和牲畜的交换可以构成有别于食物交易的流通系统。基于政治原因，一个场域之中的财富不会轻易转变成为另一个场域中的威望。尽管珍宝的交换可以推动和刺激食物生产，两类交换之间却不能直接转换。

　　正如我们已经看到的，普莱尔（Pryor 1977）对各类交换的对应关系的跨文化观察既支持，也反对了考古学交换研究的进化主义和社会性倾向。他发现，互惠交换和非中心式转让是经济发展水准较低的社会的特征。在更高的发展水准上，市场和集中式交换更为常见（Pryor 1997：4）。和其他方面的表现一样，物品的互惠式交换更常见于狩猎、渔猎和农耕社会，而不是采集和游牧社会之中，因为前者的食物供给相对不稳定。但是，资料并不支持其他的关联。魏特夫（K. Wittfogel）提出，依赖于灌溉农业的经济需要更强大的政府和（金钱、货物和劳力的）中央调配才能发挥正常功能，这个论断遭到否定。同样，查普曼（Chapman 1981）采纳了气候风险区域（极地、亚极地和沙漠）存在更多的中央调配的观点，这也无法得到现代资料的支持。休斯（Hughes 1977）对新几内亚交换系统的分析强调，互惠和再分配可能在同一种社会情境中构成互补。波兰尼（K. Polanyi）、达尔顿（G. Dalton）和萨林斯都关注常见交换模式的整体特征，认为引用社会形式和交换机制的对应关系失效的细节于事无补。然而，非常清楚，一一对应关系并不存在，对社会情境中交换功能的研究必须包括对交换如何成为个人社会策略的组成部分的仔细而敏锐的研究（比如，参见 Rowlands 1980）。比如，在某些情境中，身份依赖于获取物质财富和仅限于精英的物质象征符号。在其他情境中，物质象征符号的模仿和向下运动可能形成社会阶层分化的原则。然而，这种区分与不同的亲属系统是否存在机制上的关联，还不甚明了。更确切地说，两种交换策略代表了确立权力合法性的不同类型，史前考古学家有可能区分两者。比如，仿效过程包括全新的珍贵器物的迅速出现和流通，用于强化被早期高等级器物的向下扩散运动损害的社会地位。表现地位的全新器物必须替代失去价值的器物（Miller 1982）。

但是，如果考古学家有志于重建交易参与社会关系的方式，他们就必须明确，器物本身拥有文化价值，交易的社会效应就建立在它的基础之上。考古学家标明的交换器物并不仅仅为"物"，它们也携带意义，拥有情绪性和意识形态力量。器物交换不是任意的。它们适用于特定的文化、意识形态和历史情境。任何对交换系统的充分分析都必须考虑物质的象征意义确立、支持和构成利益集团的权力基础的方式。我们必须阐发出交换的民族志模型，物质的交易——不论是威望物还是食物——都有相对的文化价值。只有掌握了物质的象征主义和情境意义，交换才能积极地参与到社会策略中。

社会复杂化层级

在讨论交换过程及其与社会组织类型的关系时，本书已经介绍了社会不同侧面之间的演化关系。我无意于面面俱到地讨论社会人类学和考古学中的演化理论。但是，我将讨论萨林斯、塞维斯和弗里德的著述的若干侧面，简要描述他们的观念在考古学中的应用。我倾向以演化理论为例，讨论运用本书强调的类比的常见主题。

塞维斯分辨出平等制和等级制两种社会类型（Service 1962）。更简单、缺乏首领、平等的社会可以细分为游团和部落，而等级社会则细分为酋邦和国家。游团社会大体对应狩猎—采集者（参见第五章），对这种经济类别的一般认识主要来自于对澳大利亚土著居民的研究。狩猎—采集者被认为是在清晰界定的地区内实施族外婚和父系制（至少从夫居）的人群或者游团。世界各地的证据显示，这并不是狩猎—采集者的统一特征（参见第五章）。不过，游团的确是小规模地方自治社会。

部落从事农业生产，与游团相较，它们规模更大、密度更高。理论上的继嗣群、年龄集团和自发组织等团体将分散性社区凝聚成为部落。弗里德以及塞维斯的晚期作品都提出，部落是外部压力和竞争的结果。特别是，殖民扩张影响导致不同单位之间为了抵御共同敌人而形成合作，殖民管理鼓励形成更大的特色鲜明和可控的社会板块。然而，殖民影响之外早已存在类似压力，所以"部落"可能源远流长。

在游团和部落中，政治领导权建立在说服而非高压之上，身份差异基于个人成就，年龄和性别的约束能力有限。人人皆可平等地接触基本经济资源。另一方面，酋邦中存在跨越年龄和性别区分的等级。家庭按照威望等级排序，最高等级的家族产生首领。按照塞维斯的理论，人人皆可按照源自共同祖先的嫡长关系排序，首领是与祖先关系最密切的现存血亲。自首领开始，人人都按照一定层级自上而下、自内而外排列。年龄长幼造成些微差别，但不及阶级或者阶层区分那么明显。社会基于亲属关系。首领被妻妾和仆从环绕，仪式和礼制（与首领相关的礼仪）繁缛。塞维斯以波利尼西亚为酋邦模型。在非洲，酋邦之中，首领家族至高无上，但可能没有适用于所有个人和家族的全面性等级系统。

弗里德描绘的层级社会可被视为酋邦和国家之间的短暂阶段（Fried 1967）。接触土地和水源等基本资源的差异表明财富差异。控制财富的差异导致恩庇—侍从关系，但是国家的复杂政治机制特征尚未出现。

国家位于明确界定的地域中，拥有数量众多而稠密的人口（尽管西非诸多国家的人口密度尚不及毗邻的非国家社会）。它们拥有高度集中的组织中心，拥有若干层级的专业化和集权化政治机制，也存在经济专业化（无论是生计还是非生计物品）和交换的复杂机制。伴随着专制力量的集中化垄断，整个群体被纳入阶级结构。

在总结考古学证据的特征时，考古学家已经运用了不同的社会组织类型。伦福儒（Renfrew 1973a）采用了弗里德、塞维斯和萨林斯提出的酋邦的种种特性（Sahlins 1968），比如等级、首领控制的产品再分配和更大的人口密度，发现英国新石器时代晚期和青铜时代早期已经出现酋邦的诸多特征。显然，我们在做分类工作。过去的社会是不是酋邦？进化主义类型学被当成解释过去的类比。如果一个过去的社会里发现酋邦的若干特征，我们就可能假定它也拥有并无考古学直接证据的其他特征。因此，和所有的类比运用一样，我们从可被观察的类似出发，推测出不确定的类似。

如果这种推理看似可行的话，它必然建立在游团、部落、酋邦、层级社会或者国家的不同特征之间存在可靠关联的基础之上。不幸的是，不断积累的民族志证据证明，不同类型的社会千差万别，上述诸多特征之间并无确凿笃定的关联。厄尔对夏威夷的社会变化的研究就是这样的民族志工作（Earle 1978）。在夏威夷，金字塔型氏族（以嫡长子维系的家族纽带为基础，亦即塞维斯的经典酋邦）发展成为由首领和平民构成的层级社会，此外还有独立的本土生产管理者阶级和萌芽状态的官僚阶级。

在思考为什么夏威夷会从金字塔型氏族成长起来时，厄尔认为与魏特夫的灌溉假说相关。但是，在夏威夷，灌溉规模狭小，并不需要如魏特夫假说提出的区域性官僚机构的管理。

夏威夷的例子也无法确认酋邦和再分配之间的关系。塞维斯提出，首领提供了经济形式不同的社区之间食物和手工业产品交换的再分配体系。但是，夏威夷社会大同小异（它们都能接触和使用一系列资源），自给自足。社区之间几近于无的生计物品交换并不由等级式再分配体系控制。夏威夷的再分配体系不涉及生计交换。

卡雷诺的人口与战争理论提出，国家形成于无法迁徙的地理受限地区（Carneiro 1970）。在夏威夷，随着社会层级出现，人口也在增殖，但是难以断定的是，这种增长会诱发因为农业资源的过度利用产生的资源竞争。战争的确存在，但并非因为本地社区竞争土地而起。战争发生在试图控制本地社区的地区性酋邦之间。

夏威夷证据质疑了进化主义人类学提出的众多跨文化关系。其他研究，特别是与酋邦和生计再分配以及生态专门化之间关联相关的研究，都可见到类似缺陷。的确，这些证据导致对酋邦的典型特征的全新描述（Peebles and Kus 1977）。在考古学上，酋邦可以通过以下五种方式辨识出来：

（1）先天的不受年龄和性别限制的更高社会等级，社会等级与生俱来。考古学上，我们可能期待在墓葬研究中辨识出先天的社会等级。墓葬中被归入高等级身份类别的富裕的年轻人可能表明了先天地位。然而，按照本章较早对墓葬礼仪的讨论，富裕的儿童墓葬并不表达先天地位。高等级身份的成年人可能在夭折子女墓葬中使用与他们自己的地位相称的象征物和仪式。

（2）聚落类型和规模的等级制度，它揭示了社会的组织方式。但是，正如本章已经讨论的，假定聚落组织是社会组织的被动镜像，或者遗址规模和社会地位之间存在直接关系，都是危险的。

（3）聚落应该分布于生计资源高度富足地区，每个聚落都能接触到各种不同资源。日常事务的本土自治被认为可以增进适应灵活性，降低信息加工的损耗。

（4）应该存在有组织的或者专业化手工业生产。比如，纪念性建筑需要规划和大量劳力。还需要由专业人员、非家用手工业生产的陶器和若干陶器生产中心。然而，我们也见到，专业化陶器以及其他手工业生产可能见于分散型平等社会，非集中式、非专业化生产也是若干等级社会的特征（参见第四章）。

（5）如果社会环境中存在不可预测的因素（比如不可预测的气候、战争或者不稳定的跨社会贸易），就有诸如储备的特定机制缓解社会动荡。

皮博思和库斯将他们的分类运用于密西西比文化的土丘遗址

(Moundville sites）上，查普曼和艾力森也在欧洲史前史上使用了类似模式（Chapman 1981；Ellison 1981）。对于那些超越类型学价值的模型而言，有必要解释为什么会出现各种关联。上述案例都提供了生态主义或者功能主义解释，关联使社会更好地适应其社会和物质环境。

这个观点存在诸多缺陷（Hodder 1982b）。特别是，变化常常来自社会之外，而缺乏引起变化的内部压力。模型关注社会面貌而不是根本性冲突。社会行为者不过是沧海一粟。为了观察其他模型是否适用，让我们回到厄尔对夏威夷社会的讨论。厄尔提出，各种功能性关联都不足以解释为什么夏威夷会出现社会层级。于是，他采纳了戈德曼针对波利尼西亚酋邦社会提出的模型，基于出生和血缘（预置性等级）的金字塔型氏族酋邦被地位对抗和竞争打破。社会迈向了通过赠予或者消灭对手而获得政治职位的"开放社会"。一旦夏威夷家族式结构原则被打破，职位竞争就牵涉到由经济集约化支撑的厮杀和战争。社会精英的主要目标就是以各种方式（比如通过战争实现的集约化和扩张）增加人口，高等级成员可以借此支持竞争高级职位的诉求。再分配使对这些诉求的支持固化下来，因此，再分配拥有政治力量，并不只是为了促进生计资料的交换。再分配也与特定的手工业产品以及高等级象征符号的生产相关。建立在集约化基础之上的整体竞争系统只能在自然环境允许的地方，即幅员广阔、物产丰饶的岛屿上，从金字塔型氏族中破茧成蝶。在夏威夷，条件适宜，内部演变可以最终走向社会层级化。

厄尔的阐释提供了关系类比类型的精彩个案,值得考古学家格外关注。这个模型中的各种因素相互关联。它们不是通过统计性共生,而是通过解释了各种属性因何相互交织的基本原则关联起来的。夏威夷模型使一系列在"表面"层面上看起来风马牛不相及的信息"有意义地"结合起来。它提供了解释人口增殖、珍宝而非生计资源的再分配、集约化和战争、环境要素和专业化手工业生产的基本原则。在运用模型,类比式地阐释过去时,我们可以评估,与夏威夷证据的异同是否与特定考古学案例相关,因为我们假设不同部分相互关联——弗里曼提供了其他相关模型(Friedman 1975)。在这些模型里,我们无须假设社会组织悉数反映在物质文化(聚落和墓葬模式)中,因为在特定的历史情境中,作为意识形态的一部分,社会中的个人和亚群体可以操控和协商象征符号。社会行为可以以多种方式,通过物质文化实现自然化和合法化。尽管我们可以总结基本法则,但是物质分布和模式的表面状况取决于当地的历史秩序。

这样看来,几乎没有任何考古学理论可被算作一以贯之的进化主义。众多得到应用的模型(比如,游团、部落、酋邦和国家)不过是简单的类型学方案,无论在不同变量之间建立对应关系,还是一种进化类型转变为另一种进化类型,其原因都没有得到充分说明。然而,的确存在若干模型,设想了在特定条件下,导致社会和文化变化的基本性社会过程。正是后一种结构性类比,在考古学和物质文化研究上大有施展空间。

结　论

　　本章篇幅较大，其原因也不难理解。具体而言，考古学家越来越相信，阐释过去的关键存在于人类的社会关系之中。无论是技术和环境的决定论，还是认知普遍性，都没有现代拥趸。相反，物质文化、经济、礼制和变化都应被视为社会关系的产物。在试图理解社会过程时，考古学家不能依赖于实验。正如第二章所示，在重建物质生产的社会情境上，实验考古学价值甚微。和所有关于过去的社会组织的假设一样，在计算机上模拟社会过去的观念来源于社会人类学。自然过程或者物理法则都无济于事。在重建过去的社会过程中，民族考古学迎接了最重要的挑战。

　　为了向考古学家提供富有成效的类比，需要收集什么类型的民族志资料呢？本章再度证明，我们有必要发展旨在回答"为什么"问题的关系类比，而不是收集跨文化关联。比如，我们已经注意到，人口密度和聚落规模之间存在关联。通过提出两者关系的成因（聚落内部布局和信息流），有可能指出某个变量（聚落规模）是否与估算人口规模相关。换言之，如果无论聚落规模大小，布局都是同样的，我们就无须根据聚落规模调整人口密度估值。但是，如果聚落布局不同，我们则要根据理论，调整人口估值。这种情况就需要采用关系类比。如果我们知晓关联为何出现，就能决定哪个变量适用于类比，判断观察到的古今异同是否影响类比推理的有效性。

在聚落、墓葬、交换和社会变迁的其他模型的"为什么"问题上,我们也关注不足,无法应对。本章提及大量的跨文化关联,但是共存关系并不必然导致对关联的理解。就像"鹳鸟和婴儿"的个案一样,我们可能倾向于相信某个假设(婴儿是由鹳鸟带来的),但是这个假设却无法得到变量之间关联重复发生的充分证实。相反,我们必须详细检验过程可被观察的特定案例(比如,婴儿不是由鹳鸟带来的)。在辨析聚落规模和婚后居住形式之间的关系、社会和墓葬复杂化之间的关系时,尤其需要此类研究。

然而,众多个案中,民族志环境里并不能立竿见影地观察到社会组织和物质文化之间的跨文化关联的原因。相反,我们需要在意识形态和象征符号系统中,在基本性、非直接观察的社会过程中寻找原因。当研究这样的选题时,民族考古学家可能无法诉诸直接观察,而会寻求在具体文化中,使形形色色的资料都"合情合理"的阐释。跨文化调查不应该成为首要方法,搜寻民族志档案或地图也难以辨识出基本过程。详尽的情境研究实有必要。

因为阐释物质文化模式的基本过程包含了意识形态和意义框架,物质性建构的世界就不是社会组织的被动镜像。本章中,群体文化表达的同一性与群体组成的同一性直接相关的假设看起来站不住脚,因为陶器形态不仅仅是行为的副产品,它们也积极地参与到社会策略中。见诸陶器、墓葬和聚落的模式是社会领域的模式的补充,也是有效的组成部分。我们的类比模型必须关注转型赖以发生的基本原则。

对结构模型的追寻使考古学中流行一时,甚至也见于本书的分区分型（骨器、陶罐、经济、文化等等）变得一文不值。相对于建立仅仅与聚落、生计或者社会组织相关的类比，考古学更应该关注广泛见于各个范畴的基本原则。诚然，如以上诸章一样，本章对情境式和关系式类比的讨论有必要超越聚落、墓葬和交换。我们认为，社会的所有侧面最终都是社会性的。

第七章 仪式

本章稍嫌简略，部分原因是，直到不久前，考古学的划分流程仍将仪式、艺术、设计、文化和风格视作人类行为的边缘侧面。适应性活动系统一直以生计、生产和社会组织为核心。另一方面，从结构观念看，正如在生计和生产中一样，意义的基本原则和框架在仪式和艺术中既显而易见，又至关重要。的确，我们可以宣称，在揭示产生适应性回应的模型中，对社会仪式的理解至关重要。

但是，不论我们将仪式当成边缘还是中心，都有必要清晰界定这些术语意味着什么。在大量活动都被轻率地标识为"仪式"（ritual）的考古学中，这尤其有必要。考古学家可能发现绘制了四边形图案的中石器时代石头，将其称为仪式，但是同样的术语也用于墓葬程式、约克郡沼地里石块上奇特的杯状刻纹、作为食人风俗证据的人类头骨、有意填埋泥土的灰坑（图39提供了若干范例）。当考古学家将这些证据称为仪式时，它们究竟意味着什么？

a

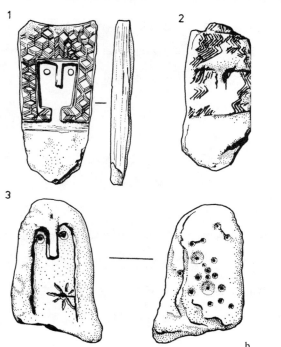

b

图39. 考古学家确认为"仪式"的器物和行为　a 英格兰约克郡石头上刻画的"杯纹"；b 法国普罗旺斯公元前三千纪石柱；c 丹伯里（Danebury）铁器时代山地要塞"仪式埋藏坑A"（Cunliffe 1971）；d 石圈边缘覆盖树枝的残陶片堆：苏丹努巴人祈雨仪式。

尽管这个词语的使用方式类似于宗教，但两者实有区别。既不同于宗教，也不同于法术，仪式指表演及相关规则，而不是抽象的概念和信仰。那么，仪式与同样包括行为和表演的规范法则的习俗有何不同？在我们自身的社会里，我们可能宽泛地将握手称为问候仪式，但这种行为划入习俗可能更恰当。两者区别在于对表演的强调。仪式常常不同寻常，具有警世意义；它之所以引人注意，是因为它卓尔不凡。

将仪式描述为不同寻常之物是考古学常见程式的一部分，尽管"不同寻常"具有特定意味。仪式常被认为包括对于人类行为的主流而言，并非基本的，而是边缘的事物和行为。在我们自身特定的西方社会，如果行为没有功能性用途，就可能被描述为不同寻常。考古学家运用同样的意识，将没有直接或者实际参与到获取食物、与他人交流等基本任务的证据视作仪式。考古学家将区分功能性和非功能性追求的现代意识施加在过去的证据上。

但是，当考古学家说，某些证据是不同寻常的或者仪式性的，可能不仅仅意味着它没有直接的功能性价值，而且也表明他们不理解它。这是考古遗址中常见的笑话，当无法理解遗迹或者遗物时，就称之为仪式性遗存。无法理解可能来自支持阐释的资料不足，也可能因为证据存在于考古学家的经验和知识范畴之外。比如，英格兰新石器时代堤坝营地之所以得名，就是因为它们的环壕被堤坝大体等距截断（图40）。在我们看来，这种布局一点儿也不像防御或者围合设施，因为被切断的壕沟、河岸和栅栏断断续续，看起来毫无功效。被切断的壕沟没有一望可知的功能，落在考古学家的理解之外，导致堤坝营地被当成仪式性建筑。

因此，基于两项密切关联的原因——被观察对象是非功能性的和不可理解的——考古学家就使用了术语"仪式"。在我们自身社会中，主流意识形态认为，任何行为都应该直接对应特定目的。我们关注功能性价值和意义—目的关系。作为考古学家，我们常常尝试使用民族志证据，使那些乍看起来仪式性的古怪之物

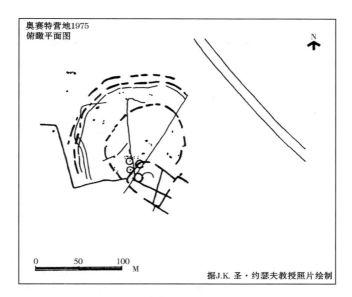

图40. 英格兰东部新石器时代带有堤坝的营地遗址（Hedges and Buckley 1978）

变成合乎情理的功能之物。

史前塑像的研究就是这种过程的范例。19世纪晚期和20世纪早期以来，地中海东岸旧石器时代、新石器时代和青铜时代的此类器物都被认为代表了女神崇拜和丰产意识形态，而无须进行细致的风格和特征分析。创世女神观念主要出自早期考古学家对古典文献的熟稔。伟大的大地母亲的观念在欧洲文化传统中是历史悠久、延绵不绝的主题（Ucko 1968：410）。尽管以此思路解释塑像的做法依然流行，但却很牵强。比如，地中海东岸的史前塑像就包括男性和性别特征不明显者。此外，塑像为泥质，而非在20世纪价值观看来更适于创世女神崇拜的珍稀材质。最后，塑像经常出现在生活垃圾之中。

艾柯列举了出现小塑像的民族志个案（Ucko 1968：425-426），提及它们用于不同社会。描述简要，基本不涉及情境。然而，证据表明，此类器物的使用极其复杂。比如，在成人礼仪式上，塑像具有性事教育功能。还有众多民族志材料证明，小塑像被当成玩偶。这些玩偶具有数种功能：（a）世俗的，纯属简单娱乐。（b）交感法术，确保佩戴玩偶者平安健康或者早生贵子。

将塑像当作玩偶的民族志和历史学范例分别使用了女性、男性或无性塑像，这就是艾柯倾向于认为克里特岛的众多塑像是玩偶而非创世女神的原因之一。不断增加的相似点也支持形式类比。许多民族志玩偶，比如出自克里特岛的，都是陶质或者其他相对普通的材质制成的。在考古学范例中，在大多数时期和地区，女性形象压倒性超过男性形象，因此，如果当作玩偶，性别不明的塑像装上假肢，点缀装饰也就不足为奇了。

只有更好地理解塑像的社会和象征情境，才能更全面地检验这些类比。在什么情境下，为什么人们以真人为原型（Douglas 1970）？有一种危险在于，玩偶阐释之所以更令人满意，是因为看起来没有创世女神阐释那么扑朔迷离。艾柯明确提出了塑像的若干功能，使它们看起来不那么"仪式"。

还有些考古材料，通过运用民族志类比，可能就不那么神秘而陌生了。伦福儒（Renfrew 1973b）尝试表明，如果放置在社会进程之中，马耳他史前"神庙"就不再令人费解。神庙需被赋予社会情境和功能。通过将马耳他建筑与复活节岛上土墩及相关酋邦进行对比，伦福儒实现了这个目标（图 41）。复活节岛、苏格兰阿蓝岛（Arran）和奥克尼群岛的新石器时代墓葬中也可见到类似比较。一般认为，纪念性建筑是酋邦首领驱使劳力建成的。新石器时代的大型土石建筑就是毗邻的社会集团之间"常规"的竞争性展示。

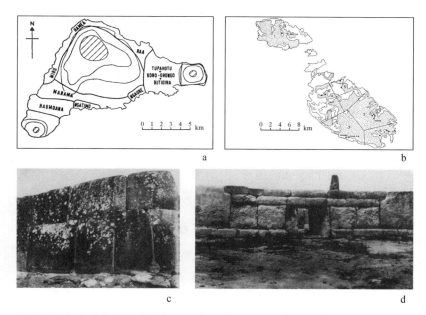

图 41. 与史前时代欧洲的酋邦和纪念性建筑类比的复活节岛　a 复活节岛上酋邦的分布；b 新石器时代马耳他神庙周边假设的势力区域（Renfrew 1973b）；c 复活节岛阿胡威纳普（Ahu Vinapu）遗址带有装饰、严丝合缝的石墙（Heyerdahl and Ferdon 1961）；d 马耳他哈扎依姆（Hagar Qim）史前时代神庙墙面（Evans 1971）。

一旦被确认具有功能性效用，行为的"仪式性"就会弱化。作为分析者，我们即便不明白行为（部分原因是它看起来是非功能性的），也不能假设在其自身情境之中，行为是"不同寻常"的。新几内亚的格瑙（Gnau）男人相信，通过放血，他们可以如女人般健康，这个信仰颇为有效（Lewis 1980）。在新几内亚的情境中，这具有功效。在各自的情境中，新石器时代的堤坝营地和土墩墓葬都能毫不费力地得到理解。

社会人类学中，通过发现功能，使仪式显得有理可循的传统源远流长（参看 Durkheim 1915；Malinowski 1948）。仪式被认为能凝聚社会，弥合冲突，常常被视为变革时代的守旧风尚。拉帕波特（Rappaport 1967）认定仪式具有广泛功能，比如维持尚未恶化的环境、限制族群间劫掠、调整人地比例、允许贸易、重新分配自然资源和缓和财富不平衡。仪式也被认为具有若干政治功能（Burns and Laughlin 1979），因为它是使社会控制合法化的机制。仪式有助于解决冲突，维护集团稳定和群体认同，当仪式知识仅限于精英阶层时，它也就支持了权力结构。

所有的民族志类比都力图使不熟悉的内容变得有意义。但是，在作出判断时，存在着选择最符合我们自身功能性和物质性效用的意识形态的类比的危险。功能性、适应性方法足以解释仪式的形式和内容，而不仅仅是其存在吗？阐释足以捕捉其社会效应吗？也许，这里存在着将仪式看得太寻常，急于和离奇怪异划清界限，以至于错失精髓的风险。我们需要界定仪式行为的特殊和显著特征。

仪式被广泛认知的特征之一是对形式性和重复性行为的强调。在特定活动中，每个动作都有相当数量的信息和行为的重复，规则可以被清晰描述，代代相传。在某些个案中，仪式是如何在世界中行动的范本。比如，对于格瑙人而言，仪式是如何做事的知识来源，源自祖先，世代永守（Lewis 1980：71）。按照这种方式，仪式就是与日常生活形成鲜明对比的理想。布洛赫强调，仪式可能不合时宜，是一套存在于现实世界之上，但具有补充价值的规则和概念（Bloch 1977）。

对于特纳（Turner 1969）而言，仪式是结构和反结构之间的连续关系的组成部分。很多仪式行为包含对生活和社会结构的建制模式的逆转。它们通过允许在阈限的"中间地带"逆转或者解构，强化了社会关系。仪式中呈现的理想常常是日常生活模式的逆转，赋予这些模式以意义和统一性。很多考古学讨论暗示，仪式常常涉及对比。法国的沙塞（Chassey）新石器时代文化的"花瓶支架"在形态、纹饰和发现情境上都与众不同。部分意义上，因为强烈对比和"不同寻常"的情境感，这种器物常常被描述为礼器。但是，仪式的结构和反结构的概念远比这些案例所表达的更为深远。仪式是一系列行动，在特定的情境中，需要通过与社会整体结构的关系予以理解。

如果仪式可以被描述成社会理想的重复性和形式化表达的话，我们就有望将它当成语言或者编码进行研究。通过比较墓葬、神龛或庙宇与非仪式活动中器物的摆放，我们就能充分地"阅读"前者所"说"。然而，民族志研究表明，仪式的众多侧面并不能与语言类比。很多仪式可能本就希望含糊，让不同的人见仁见智，对所有人都意味着无所不包。仪式"沟通"充满了不确定性，在仪式情境中，这种不确定性可能恰恰是人们所追求的（Lewis 1980）。

正如戏剧之中的表演，将仪式想象成刺激，而非沟通，可能更为适宜。它具有情绪效果，促使旁观者或者参与者思索。仪式并不是由抽象的符号和图像组成，而是在真实的情境中，由人们亲身经历的真实事物构成的。它替代并帮助人们理解其他的真实性。仪式可以在生活中承担重要的中枢之责，它并非附生之物。

仪式是社会行为的形式化和重复性基础。通过情绪性和刺激性效应，它重建了社会。在第六章中，我们已经看到象征符号如何在社会策略中发挥积极作用。仪式中使用的符号与作为它们的情境的世界维持了积极的循环关系。仪式从社会获取意义，也更新了社会结构，并赋予其以意义。由于众多仪式饱含感情地"登场"，这种更新具有特别效果。

特纳提及的仪式的积极效应之一就是"共同体"。与仪式相关的建制性规范的蓬勃发展释放出社区感和公共感。共同感受可以服务于政治利益，特纳常常举例说明，政治人物或者运动通过"共同体"收获狂热支持。

结 论

本章的简要讨论较少建立在对仪式的特定的民族考古学研究上，因为此类研究数量甚少，而较多地建立在通则性人类学研究，比如特纳、布洛赫和路易斯的研究上。这些现代研究为仪式的传统考古学方法提供了新思路。特别是，对于众多考古学家而言，仪式意味着"不理解"意义上的"不同寻常"。理解的缺失存在两个可能的来源。首先，史前遗存可能被描述成仪式是因为它们的功能和用途尚未被辨识出来；无法提供充分的阐释，遗迹就只能被描述为仪式。其次，如果阐释无法完善行为的图像，使其在功能性运用上有意义，也会造成无法理解。行为显得既无必要，也不合逻辑。分析者施加了以物质性效应衡量世界的现代意识形态。

仪式是不同寻常的，但是显著有别于考古学家常常假定的样子。仪式的特征，诸如重复性、风格模仿、阈限性和模糊化常常引起关注，因特立独行而起到刺激作用。这里的不同寻常在特定的社会情境中是有意义的，对于理解社会结构非常重要。仪式确有功能，但是，它是与意识形态、信仰和价值相关的复杂整体，而不仅限于实用层面。

仪式和非仪式活动的对比可能会模糊不清，难以界定，但是在所有的特定情境中，行为的某些侧面可能被认为更仪式化。在清晰地区分了日常实践和具有仪式特征的行为的情境中，我们可以比较仪式和非仪式遗址上的遗存模式。通过运用人类学的通则模型，可在仪式中辨识出来的对比和反转不仅可以解释仪式的本质和功能，也能解释社会生活的意识形态基础。

第八章　艺术、装饰和风格

艺　术

界定艺术和仪式时将遭遇众多类似的问题。考古学家会将他们不能理解的事物称为艺术。就像仪式和非仪式可能融为一体一样,将艺术与装饰或者图案区分开来可能并不足取。艺术可以被界定为旨在唤醒或者激发观众的更形象化的表现。但是,确认图像中的形式时存在大量的主观性,很多人可能认为,艺术的界定不必考虑这个要素。尽管我们可能用"艺术"指任何东西,但是大致无误的是,被视为或者被定义为艺术取决于特定的社会情境。在本章稍后的部分,我将回到这点及艺术的定义问题。

从非洲(如 Thompson 1971 涉及约鲁巴艺术)到北部冻土地带(Ray 1961),传统艺术的民族志描述卷帙浩繁。有人试图综合和跨文化比较,提供考古学家在阐释过去时可用的通则性陈述(Otten 1971; Ucko 1977)。本书随处可见如何提炼能广泛适用于不同地域和时间的通则的问题。因为艺术常常被认为是附生的,它提供了跨文化方法最令人兴奋的检验之一——它被认为与社会行为的其他方面并不直接相关,或者至少这种关联复杂而脆弱。

如果艺术是创造性的和独特的，是否可以确认哪些论断普遍适用，哪些与其产生情境相关呢？

显然，早已有人做出尝试。1928 年，霍尼希斯海姆（Honigsheim）提出母系血缘亲属集团与造型艺术成就之间的关系。费舍尔将风格类别与社会阶级分层、居住模式和婚姻形式联系起来（Fischer 1961）。也有人宣称，和简单、重复的形式表达的艺术风格一样，有着大量的空白或者无关空间的图案是平等社会的特征。跨文化心理学研究确认了其他对应关系。卡沃利斯提出，偏向掌控的心理态度青睐几何轮廓，而被迫屈从的则倾向于流动、平滑的圆润轮廓（Kavolis 1965；又见 Barry 1957）。艾舒勒和哈特维克发现，与主要绘制直线和方形的儿童相比较，喜好圆圈的儿童更内敛、更柔和、主观适应性更好（Alschuler and Hattwick 1947）。沃尔斐思索为何有的社会能比其他社会产生更多、更好的艺术，他在男性与当地母系血缘世系中心的疏离程度中找到了答案（Wolfe 1969）。所有这些通则中，主要困难来自于模型中不同成分之间关联的脆弱本质。除非提出某些普适的行为和认知回应，排除艺术和图案积极参与了社会策略的可能性，否则，这些关系的原因都是含糊不清的。

在社会和艺术的通则性关系之外，确认不同文化中艺术描绘的主题上也困难重重。佩吉尔提出，欧洲和澳大利亚旧石器时代岩画中包含了在其他地方代表蜂巢和通向蜂巢的楼梯的形象（Pager 1976）。杰林内克辨识出欧洲旧石器时代和澳大利亚土著艺术中都有性交场景（Jelinek 1974）。但是，这些形式类比真的有效吗？

除非它们可以得到第一章描述的各种方法的支持。很多考古学家并不认同，部分原因将随后讨论。如果我们不能确信一个图样代表什么，那么表述艺术的一般特征就难上加难了。比如，很多人尝试从跨文化视角，将图像化再现视为自然主义表现的对立形式（Ucko 1977）。

有人可能提出，在人类的抽象活动上，可能并无确凿无疑的普适法则。可以说，什么是艺术，以及艺术如何阐释完全取决于特定的社会、文化和历史情境。更极端的观点认为，除非可以与相关文化中的人们直接交谈，所有阐释艺术再现的意义的努力都注定失败（Macintosh 1977）。这种极端相对主义立场建立在艺术基于特质性认知过程的概念之上。比如，不同文化的人们可能画出不同形态的动物，这是因为他们选定的动物的显著特征不同，以在我们看来扭曲的方式描绘。在旧石器时代洞穴艺术中，人形再现（例如图42）真的是人，还是别的？麦金托什发现，经过能够情境性理解艺术的讲述人验证，记录者对民族志岩画材料的阐释中，由于不能正确分辨绘画内容，九成都是错误的。

如果确认艺术再现主题都存在这种问题的话，阐释艺术描绘的次生象征性侧面及其通则性特征（图像化、自然主义等等）将何其难也。考虑到这些质疑，很多学者提出，理解艺术取决于是否可以质询熟知艺术产生的情境的讲述人，也就不足为奇了。

然而，并非所有人都能精准地表述自身的艺术，这是稀松平常的民族志经验，在我们自身的社会中也一再发生。"我们可能并不深谙艺术，但是我们的确知晓我们的喜好。"迪兹和戴斯勒夫

第八章 艺术、装饰和风格 183

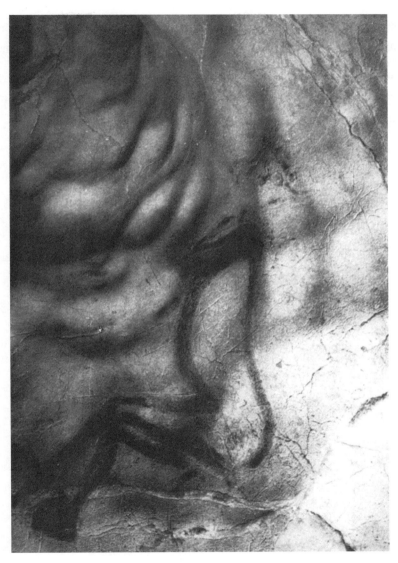

图 42. "巫师"　阿里埃日省（Ariège）三兄弟旧石器时代洞穴中绘制的人形动物。(Clark 1967)

森提出，由于不为美国文化"参与者"所知，教堂中的"死亡头颅"纹样通过添加若干面部特征，变成了"天使头像"（Deetz and Dethlefsen 1971）。参与式观察者无法用语言清晰表达"客观"分析的结果。尽管有些社会，或者其中有些人对他们的艺术及其意义了然于胸，但是，文字描述仅仅提供了一孔之见。人们对自身艺术的谈论可能有别于分析者的观察和猜测，并不必然更真实或者更有效。艺术研究的重要特征之一就是在艺术的生产者和"消费者"之间、所言和所未言之间的离合。由于艺术表达是非言语方式的交流，可用于"说"不便于公开表达的内容。所有的物质文化都大同小异（参见第九和第十章）。因此，我们必须超越麦金托什的"警世寓言"，追寻在何种情境中，以及为什么言语表达和艺术表达相符或者相悖。考古学家无法和过去的人们交谈并不妨碍他们研究和阐释艺术，因为艺术本身就是重要的表达形式。

那么，我们如何提出史前绘画代表特定动物种属（图43）还是图像化风格？在过去（如岩画）和现在（如现代生物）的任何类比中，通过增加比较点，可以增强说服力；过去和现在的动物是否拥有众多共性？我们也可以追寻动物或者其他形象出现在类似于现代范例的环境和背景的情境。在其他的案例中，形象可以与同组或者异组中的他者比较，既可按照特殊性（作为动物种属），也可按照通则性（自然化还是图像化）进行阐释。比如，在莱潘斯基维尔（Lepenski Vir）史前时代遗址中，就有自然主义和图像化再现并存的证据。因此，对艺术的阐释依赖于谨慎地运

图43. 阿里埃日省尼奥（Niaux, Ariège）旧石器时代遗址里黏土上雕刻的野牛（Clark 1967）

用形式和情境类比。

但是，艺术情境的重要成分之一是社会结构。艺术是赋予世界以意义和理解世界的方式。在根本性层面，事实和价值可能不分彼此。再现和概念也难分伯仲。艺术的价值、意义和效应取决于谁生产、鼓励或者观看。为了规避本章开篇就提及的普适化陷阱，我们必须更仔细地检查艺术和艺术家的关联和生产、使用的情境。有人可能会宣称艺术和艺术家是历史性或者社会性决定的。但是，我们也应该规避以社会情境决定艺术的社会学方法，与修正普适主义立场相比，它不过是五十步笑百步。另一方面，我们应该避免极端相对主义。艺术产生于社会制约之中，旨在产生社会效应，我们可以对这个过程进行通则化总结。艺术形式建立在特定的历史情境中,携带了与特定情境相关的意义。艺术的内容和结构被纳入到诸如效仿和合法化等社会策略中。艺术在社会情境中获得意义,但是只有基于广泛可见的法则,独特的"句子"才是"可读"的。

因此,阐释史前艺术必须建立在与象征原则和维度相关的民族志材料的基础之上。这些原则创造性地用于生产独特的文化风格。我们必须运用类比,判断艺术表达如何在社会策略中发挥作用。

旧石器时代洞穴艺术研究中,借助现代类比阐释史前艺术的问题比比皆是(图42和图43)。艾柯和罗森菲尔德为西欧旧石器时代艺术寻找民族志类比材料(Ucko and Rosenfeld 1967)。但是,他们仅仅考虑洞穴壁面上的现代范例。然而,将石壁和洞穴墙面上的绘画与土墙或者皮毛帐篷上的绘画区分开来,并没有显而易见的原因。如果不能解释为什么绘画介质是相关的,使用关系类比的尝试就是无效的。"洞穴壁画"可能只是任意界定的类别,基于"洞穴壁面"特征的古今相似就只是臆想了。如果洞穴与特定的绘画类型相关,我们就需要知晓原因。

如此束缚他们的类比研究之后,艾柯和罗森菲尔德就难以发现绘制过程仍然有迹可循的洞穴艺术的民族志范例了。事实上,他们的类比不得不局限在澳大利亚土著艺术中。后者是基于多种目的生成的:(a)"为艺术而艺术",艺术纯为追求愉悦。(b)因为阐明陈述或者故事、记录历史或者神话事件,艺术可以成为图腾。(c)在巫术或者其他仪式中,艺术有时涉及交感法术。由于我们对艺术为何在不同的情形或者情境下具有不同的功能知之甚少，因此无法严格地使用类比阐释过去。事实上，艾柯和罗森菲尔德被迫主观地、想象性地迎合旧石器时代洞穴艺术的假说。他们的讨论几乎都建立在先验基础之上。

维尼科姆（Vinnicombe 1976）对南非和东莱索托的德拉肯斯堡山脉（Drakensberg）悬崖脚下的史前和晚近岩画细致而敏锐的研究清晰说明，将艺术放置在自身的社会和文化情境之中的需求是如何实现的。这里曾经居住着布须曼人，他们与现存于卡拉哈里的人群的类似使德拉肯斯堡艺术可以采用直接历史类比进行阐释（图44）。显然，不同时代的艺术可能看似一致，意义却大相径庭。在过去和现在的布须曼人绘画的比较中，我们必须强调，社会情境没有发生显著变化（参见第五章所述历史证据）。

维尼科姆对艺术的客观和定量分析表明，岩画不是艺术家的日常诉求或者环境的现实主义再现或镜像。有的主题得到强调（比如持弓箭的人物），有的则可能被忽视（比如作为布须曼人食物主要来源的作物）。某些姿态的套路存在统一性。比如人物形象都有形态独特的头、手臂和臀部，而动物形象的色彩分区，特别是大羚羊的红色躯体和白色四肢，都是布须曼艺术的标志性特征。

人们如何阐释这种艺术？和旧石器时代艺术一样，研究文献采纳的模型主要是"为艺术而艺术"和"交感法术"。但是，维尼科姆意识到，艺术的高度选择性特征可能与象征性编码有关。布须曼人象征性地绘制了意识形态结构中对他们而言的重要之

图 44. 对南非岩画的直接历史对比　a 卡拉哈里（Kalahari）沙漠布须曼人巫舞。坐着的女性拍手歌唱，男性环绕舞蹈，有时在环形沙路上抄近道。注意屈伸大腿和膝盖的标准舞姿。b 内多罗维尼山区（Ndloveni Mountain）F6 遗址。一排男性舞者身体前倾，屈膝，碎步跺脚走向一群坐着拍手歌唱舞蹈节律的女性。这种舞蹈显然就是卡拉哈里沙漠布须曼人的巫舞（参见 a）（Vinnicombe 1976）。

物。以人和大羚羊（德拉肯斯堡艺术中最常绘制的动物）的关系为中心形成了一整套价值观。因此，为了理解艺术，我们必须理解象征符号在社会策略中的运用。艺术的象征性区分和关系都具有社会意义。

这样，在研究西欧旧石器时代洞穴艺术时，我们必须首先知晓艺术是如何被象征性地组织起来的；这比确认它们是绘制在石壁还是泥墙上更有价值。比如，亚历山大·马尔沙克（Alexander Marshak）确认了旧石器时代艺术的积累式、参与式和连续式结构。情境的其他侧面可能包括洞穴用于居住还是仪式。通过这些方式，我们就可以在艺术及其情境的本质上形成更清晰的观念。在使用现代类比之前，我们需要很好地理解不同的活动领域中，象征性编码是如何产生和转型的。

在讨论社会关系领域中，艺术如何被象征性表达时，我们又被抛回到定义问题。取决于艺术的定义，艺术的象征意义可能与生活的其他侧面拥有不同的关系。我们可以宣称，在我们自身的社会里，艺术和社会互动的主要侧面关系不大。艺术是边缘，常常是无关紧要的；或者说，我们认为是这样。艺术和社会介质之间缺乏关联，可能因为在社会环境之中，艺术是独立的、被界定为与画廊和博物馆相关的离散性行为类别。当然，有人尝试将"艺术带回生活"，但是，我们想强调的是，我们对艺术的界定，以及艺术如何象征性地与社会策略相关，都取决于艺术家和创造性抽象在社会中的地位。"艺术"和"为艺术而艺术"的观念可能就是我们自身的预置观念的投影。在民族志"艺术"上，最成功的研究（见下）检验了社会情境中的再现，而不是关注先验性类别。

因此，艺术不是奇思妙想、文化怪癖，也不是对社会需求的行为性反馈。相反，它是在社会情境中被独特创造的，赋予世界以意义，具有社会效应。但是，艺术是由广泛可见的组合原则和象征意义建构的。类比既可说明象征原则，又可表达艺术在社会中的位置。在使用类比时，我们绝不能强加我们自身的分类，而必须将"艺术"及其描述放置在社会性和象征性框架之中。

装　饰

有时，史前陶罐上的装饰可能被描述为艺术，在某些社会情境中，它可能就是我们在西方社会中界定的艺术。但是，正如已有人指出的，在不同的情境中，同样的装饰可能拥有显著不同的意味。对于陶器装饰的艺术本质的预设越少越好。这样，我们可以怎样阐释史前器物的装饰和形态呢？在布须曼人绘画中，陶器装饰和形态的象征符号可能与社会结构的编码相关。但是，不同编码之间的关系非常倚重于特定社会中装饰和陶器的地位和功能。象征结构和社会功能必须并驾齐驱、相互依存地考量。

无论在陶器、金属还是其他介质上，装饰和图案都被认为具有两种成分：内容和形式。民族志观察提醒考古学家兼顾图案的两个侧面，尽管他们倾向于关注后者。邦泽尔对美国西南部印第安人的早期研究得出判断，器物形态和装饰最终形成以关系为中心的设计。换言之，重要的是规则，或者特定陶罐依此组合的语法（Bunzel 1929）。弗里德里希和哈丁对塔拉斯坎（Tarascan）陶工的研究也证明，图案语法可能拥有不同于单个母题或者元素（如圆圈、曲线或者水泡）的社会影响（Friedrich 1970；Hardin 1979）。比如，弗里德里希发现，图案元素在村落间传播速度极快，因此不是陶器绘制风格的上好指标。瓦什博恩（Washburn 1977，1978）提出，图案的形式和对称，而不是个别母题，才是人类群体组合和互动的最佳指标。

在美国西南部的民族志研究的支持下，此类工作的基本假设认为，图案的不同层面分别与社会过程的不同类型相关。因此，在较高层面，图案形式是社会单元及其边界的有效标志。在中间层面，不同母题内容快速扩散，可能暗示第六章讨论过的从母居。在基础层面，通过对诸如图案部件以何种角度拼合、线条间距及其密度等细节的研究，可以确认不同陶工的绘制惯习（Hill 1977）。在后面的个案中，不同图案的分布表明男女陶工的迁移，这被视为婚后居住方式、人口移动和交换的精准反映。

图案的不同层面与不同的文化变量以及不同规模的社会单位相关的观念（Redman 1977），部分来源于提出它们与不同的意识层次相关的研究。陶工常常有意识地挑选中层图案元素（Bunzel 1929；Hardin 1979），因此，母题的分布呈现出拥有自我意识的社会单位。当然，在苏丹的努巴人中，每种元素都有特定意味，曲折纹、排列成行的圆点和三角形可能分别代表蛇、山脉和妇女（Hodder 1982c）。

另一方面，美国西南部和墨西哥等地的图案形式是潜意识的。陶工可能对于他们正在实践的图案语法规则茫然无知，就像我们可能在对规则毫不知情的情况下讲出漂亮的英语一样。同样，绘出厚薄不同的装饰线条的动作惯习被认为是潜意识控制的。如果不同层次的图案对应不同层次的意识的话，与之相关的文化变量也就不同了。

可以肯定的是，在各自的文化情境之中，有的知识是言语性的，有的却是非言语性的，因此假定在不同层次的图案和不同层次的意识之间存在普遍关系是值得存疑的。为何存在关联似无定论，但是在特定的社会中，图案形式规则可能比母题本身的选择更为清晰。我们无法预先假设一个层次的图案始终意味着同样的内容。此外，即使对于社会的绝大多数成员而言，形式规则是潜意识的，个人仍有可能冲破规则和意义，赋予它们以全新的意义，改变它们，转化它们或者防止它们扩散。图案的每个层面究竟意味着什么取决于特定的历史和文化情境，我们必须在不受预置性假设干扰的情况下分析图案。

这并不是否定言语和非言语知识之间关系的核心重要性，正如随后所示，这不可辩驳。但是，在不同的情境之中，陶器图案的具体内容和形式必须与其他器物上的其他图案联系起来共同研究，图案的组合关系必须考虑共存于墓葬、聚落、窖藏等等情境之中的器物。我们必须建立起不同个案中不同图案及其关联的图景，而不是预设普适关系。

同样，我们不能假定考古学家的"客位"分类法一定能耦合那些生产和装饰器物的人们的"主位"分类法。我们已经不厌其烦地提供民族志材料证明，无论墨西哥塔拉斯坎陶工（Hardin

1979），还是澳大利亚石器工匠（White and Thomas 1972），考古学家和"土著"的分类都可能不同。这种差异可能部分来自于在不同的情境中，作为类型学基础的图案层次不同。但是，对于艺术，考古学家不应该自惭形秽，默认自己的分类不及生产者的分类真实而有效。"主位"类型学可能和"客位"类型学一样神秘而令人困惑。名称和标签只是让器物在社会情境下拥有社会功能。言语和非言语层面可能不同。不可言说的类别和对比自有社会重要性，可能对可言说的类别构成补充。我们需要将图案和装饰的形式和内容与社会情境联系起来的模型，这也能检验知识的言语和非言语层面的关系。

在图案形式和社会结构的关系上，令人信服的民族志案例为数不多，部分意义上，这是在言语和非言语层面互动上施加了静态关系而非动态过程造成的。在特定社会中，交换、聚落和装饰模式可能呈现出形式近似（例如，Adams 1973），但是，我们需要知晓为什么出现这种关联。这并不足以笃定地提出思维上的一致性。科恩确认了巴布亚新几内亚绘画生产的原则（Korn 1978）。根据瓦斯托卡斯的研究（Vastokas 1978），美国西北海岸印第安人的丰富图案证实了两分式和三分式布局的对立。瓦斯托卡斯将形式上的矛盾与整体文化中对立者之间的冲突，以及社会和经济张力联系起来。

如果不弄清楚一致性为何出现以及在何种情境中出现，考古学家就无法使用装饰风格和生活其他侧面的一致性阐释过去社会的物质文化。特定的结构性转型和一致性发生在什么社会过程中？上述范例建立起不同活动类型之间的对应关系，都将图案形式和社会结构视为相互之间的静态复制。但是，正如哈丁在对墨西哥塔拉斯坎陶工的研究中表明的，陶器上的每种装饰模式都出自解决问题的过程，而不是陶工头脑中固有的类型学（Hardin 1979）。为了理解图案生成的过程，我们需要理解社会中的装饰是做什么的，它如何发挥功能，如何影响每个社会成员的生活。

众多社会中，有的器物有装饰，其他却没有。为什么会这样？器物上的装饰的社会功能是什么？非常清楚，对这些问题的回答不计其数。装饰可能增加器物的价值，它能赋予身份，标明社会地位，也能表达社会归属。但是，大多数模型是常规性的，不足以解释为何特定器物有而其他器物没有装饰，为何特定的情境下实现制作者的目的时，使用装饰而非形态、颜色或者材质。布雷思韦特对苏丹南部的陶工和陶器的研究指出，当涉及一个社会类别向另一个社会类别输送食物时，陶器就会带有装饰（Braithwaite 1982）。比如，女性为男性准备食物，就盛放在带有装饰的陶罐之中。不在男女之间或者不同社会等级之间输送的陶罐则素地无纹。装饰标明并强调了输送行为，维系和支持社会二分现象。

一个与之相关的概念可被称为"夜壶模型"。在苏丹的努巴人中（Hodder 1982c），污秽和象征性污染活动冲击了日常生活，装饰常常出现在它们周围（图45）。比如，磨坊中，面粉周围就有装饰，旨在维护面粉的清洁。装饰也见于洗涤场所（图45c）。麦萨金妇女在污秽和动物之中准备食物时，周边环绕着丰富的装饰，起到纯净或者保护作用。满载的粮仓也有"礼制性"装饰。在畜群营地中，年轻男性与"纯洁"的牛群和牛奶相关。当年轻女性为营地中男性送水时，葫芦容器上就带有繁缛装饰（图 45d）。所有场合中，纹饰都具备多种功能。在一个层面上，它抵御了污秽、女性、昆虫、感染等等可能的污染。同时，它又唤起对转输及潜在的不洁的关注。因为不洁常常和妇女相关，它强调了她们的从属身份以及"纯洁"的男性主导权。但是，纹饰也强调了女性的威胁，她们反抗男性权威的能力。言语知识可能以使用和实践的法则为中心。妇女可以知晓何谓"正当"之事。但是，在非言语层面上，作为社会过程的组成成分，陶器和其他装饰充满意识形态地、不动声色地予以反击。

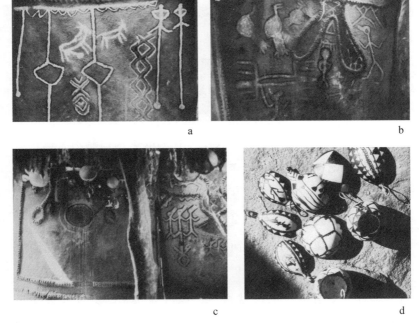

图 45. 努巴装饰举例　a-c：经常污秽横行的聚落周边的装饰（另见图 15）；c 中，左侧为谷仓，右侧是洗涤区；d 彩绘葫芦容器。

东非海岸斯瓦希里也可见到装饰的类似用法（Donley 1982），将其与维多利亚时代夜壶进行类比并非风马牛不相及。夜壶装饰繁缛，更为高贵的英国家庭的器物上装饰尤盛。一个层面上，陶罐上绘制的植物、花草、树木和天使令陶罐内容物被人接受和受人尊重，对于越来越信奉"洁净仅次于神性"伦理的社会而言，尤其管用。但是，作为社会过程的组成部分，陶罐的功能远不止于此。维多利亚社会的个人，特别是上流社会，都极其强调，所有身体功能是私密和个人的，他们也执着于纯洁。在这样的情境中，仆人操持、倾倒和清洁夜壶就成为社会问题。他们不仅设置专供倾倒夜壶的后梯，也装饰一方面铭记自然和愉悦，另一方面回味华食和美茶的纹样，于是难题迎刃而解。相较于私下排泄和倾倒用的夜壶，由其他人处理的夜壶上所见装饰更多。意识形态上，图案支持了自我认知，也回应了社会层级，唤起对主仆之别，一个阶级凌驾于另一个阶级之上的关注。

在"夜壶模型"中，装饰关注并且形成了社会差别。在言语层面，它使陶罐的内容物"美好"而易于接受，在非言语层面，它以意识形态方式反作用于社会策略。情形不同，过程也会大不一样。正是因为在众多社会里，如同陶罐一般的寻常器物上的装饰难以引人注意，在言语层面鲜有价值，它才可能用于表达隐而未发的意义。比如，相对于男性，处于被统治地位的妇女可能通过装饰陶罐或者葫芦的沉默话语形成群体团结，实现社会策略（Braithwaite 1982；Hodder 1982c）。在这些个案中，纹饰的分布和形式可能就是社会整体结构的逆转或者对立。

在这些模型中,核心问题是为什么有些器物带有装饰,而其他则没有。考古学家经常发掘带有随葬品的墓葬——项链、指环或者脚环、肩上领针等等。我们可以追问与证据相关的类似问题。为什么人体的特定部位带有装饰,其他部位则没有呢?人类身体就是自然"地图",通过服饰和珠宝象征性表达的社会"地图"叠压其上。通过适当选择穿戴,身体不同部分的自然特征可以被象征性使用,在社会策略中得到强调。一个足以阐明此点的民族志调查就是特纳对巴西卡雅波(Kayapo)印第安人的身体装饰的分析(Turner 1969)。

巴西部落复杂的身体彩绘和装饰依年龄和性别而有所变化。伴随着人生角色从幼及长的变化,其外观也随之改变。特纳证明,不同人生阶段装饰的身体部位是有意选择的。男婴戴耳环,男青年则戴小唇环。当一个男人达到"父亲"的阶段,参与到在男性之家中进行的社区政治事务时,他就将唇环换成直径可达 4 英寸的扁盘,直接卡在下唇里。耳环和唇环差异显著。对于卡雅波人而言,听和说具有象征性意义。听是被动行为,意味着理解。比如,如果一个男人与父系亲属关系融洽,他可能说,"我对他们唯命是从"。另一方面,说则与卡雅波男性的主要活动之一——自我表扬和炫耀雄辩有关。巨大的唇盘有意识地与这种语言的自信关联起来。婴儿正是这种关联的受体。婴儿和父亲的关系就类比于听(按照卡雅波人的理解,这是对社会关系的被动认可)和说(被视为社会自信)。就这样,服饰符号完美匹配了特定的、作为成年男性政治权力基础的意识形态。

在考古学情境之中，对准确选择耳朵和嘴巴装饰的类似阐释需要和成年男性控制高度驯服的青年男性和女性的其他证据（比如墓葬）联系起来。情境的其他侧面也有待证实。总体而言，可能有人认为，在史前史上，卡雅波类型的特定模式可能不及普遍通则管用。事实上，卡雅波印第安人个案的主要价值就是提出，象征符号并不是任意选定的，自然的人体可以用于再现和"自然化"社会关系。如果不同成分之间的关联不能得到充分证实的话，普遍模型就岌岌可危。如果我们考虑一下玛丽·道格拉斯（Mary Douglas）提出的若干假说，这一点就更加清晰了。

至此，我们已经考虑了特定类型器物（陶罐、葫芦）或者身体特定部位的装饰。装饰划分出器物分组，有助于形成不同类别。在整体性关注类别和分类的基础之上，道格拉斯尝试在社会类型上提出更通用的模型。她提出社会的两个独立变化的侧面——集体和网络（Douglas 1970）。集体身份时有变化，在某些社会中，个人不太屈从于集体。在集体之中，网络指以个人为中心的角色和关系框架。在某些社会里，角色界定不清而显得模糊。在强集体弱网络的情境之中，道格拉斯提出，它的重点是强调集体的纯洁性，以及内外之别。边界具有危险性，因此有洁净仪式，保护身体内部免受外来污染。此外也有对分类、类别和诡辩之术的强调。按照迄今为止对装饰的理解，我们可能也期待这些社会使用图案标明边界，形成类别对比。（在另一个模式中［Douglas 1966］，道格拉斯将男女关系与对性别污染和装饰的信仰联系起来［Hodder 1982c：160］）。

无论是集体和网络，还是分类和类别，两者之间的联系都没有得到很好的描述，因此难以知晓为了将模型运用于过去，我们应该追寻何种情境关联。这个模型似乎将仪式行为和认知当成社会状态的被动副产品。只有当我们知晓为何特定的物质文化积极参与到意识形态和社会策略之中时，我们才能理解为何出现普遍联系。诸如"夜壶模型"的类比更清晰地说明了变量之间的关系，可以更严谨、具有更大的阐释可能性地与过去的证据进行比较。

本节的主要议题是作为边界标识和分类过程组成部分的装饰。分类系统类型多样性还可以通过其他方法揭示出来，层出不穷，不一而足。比如，陶罐形态可用于建立不同个人与相关的食物和活动的对比。同样，在某些社会，按照边刃的使用便利程度，石器组合被归结为寥寥数种工具类型。而在其他社会里，每种活动可能与一种或者多种特定的工具类型相关联。至少部分意义上，这种多样性与社会控制策略中，或者洁净与污染的意识形态中的象征过程相关。我们将在随后章节见到，针对这种规则已经涌现出截然不同的模型。

风　格

在讨论艺术和装饰时，我们已经谈到行事之道。风格由形式和内容构成，与个人或者社会群体相关。最近，考古学家开始关注风格的社会意义，但是遵循了显著不同的路径。风格和信息交换捆绑在一起（Washburn 1977；Conkey 1978；Wobst 1977）。其基本预设是人们为了互动就必须象征性沟通，为了生存就必须合作。如果物质符号能成为线索的话，行为就更可预测，因而也能抚平社会互动中的张力。

沃博思特在南斯拉夫的民族志调查中重点关注服装，特别是头巾（Wobst 1977）。他提出，当风格化信息与特定群体直接相关时，就实现了最大的使用价值。目标群体不能相距太近，否则信息早已知晓，或者易于以其他方式传播。但是，也不能相距太远，否则就无法保障信息解码和交汇。因此，风格性行为只能锁定社会意义上相距不远者。与"传播者"毗邻而居只会选择性地接受少量风格信息，因此，同一个居址中，风格略有差异。

当目标受众更多时，与其他交流模式相比，风格性行为更有效。因此，如果不受其他因素的干扰，风格性行为的数量应该与个人构成的社会网络规模成正比。在大型复杂社会中，在社会性隔离，但是又不过于遥远的个人之间，产生了大量重复性、可预期的交流，风格性行为形塑了器物形式的重要侧面。

在沃博斯特的模型中，虽然风格性行为究竟意味着什么不甚清楚，但是仍然可以假设至少包括装饰和形态。如果风格是装饰和形态以及其他物质和行为的组织方式的话，沃博斯特模型就未能清晰地解释风格。这个模型关注沟通和信息流。只要象征符号是可见的，依既定意图行事，它们就被认为是合适的。象征符号的结合方式、它们的形式和内容，没有如功能一样得到等量齐观的重视。我们几乎没有解释风格。正如前揭章节指出的，为了理解风格，我们必须检查选择符号和形成组合的历史性和充满意义的情境。

如果风格的信息加工模型本身就匮乏，它是否足以阐释风格的功能呢？这涉及风格能否运转有效地服务于社会整体。在交流系统中，物质只是被动的信息单元。它们只是将信息从传播者带给接收者。高度功能主义立场并未考虑符号可以在意识形态框架中反作用于社会。上节已经表明，物质符号积极地参与到社会对抗性策略中。对于某些社会集团而言，它们可能是"好的"，但对于其他集团，并不尽然。

因此，回到沃博斯特的假设，显然，风格和物质文化表达并不直接针对唯一受众群体。在每个人伸手能及的空间里，发生了大量的风格性行为。物质符号常常牵涉到男女纯洁性、统治和臣服、同性年长和年轻成员的竞争性社会策略。我们已经看到，家中具有象征性和社会性意义的空间周围是如何被繁缛地装饰的。在解释这种社会意义上近距离的风格行为时，信息交换模式就无能为力了，我们必须考虑意识形态和竞争性社会策略。

同样，风格行为的数量与社会单位的规模没有直接关系。我们已经指出，这种假设认定物质符号是交流的被动"词语"，有助于大型复杂社会的有效运转。但是，事实上，风格阐发和对分类、类别及装饰多样性的关注可能与社会结构的历史发展中的特定节点相关。我们已经看到装饰和形态特征与社会类别的存在关系不大，而与对这些类别的关注密切相关。努巴和维多利亚装饰都出现在统治集团受到"威胁"的情境之中。装饰画线分隔，起到隔离效果。物质文化常常牵涉到社会群体的合法化中——赋予它们以意义,支持它们有别于其他群体的地位。当社会群体遭到威胁或者对抗,或者关注自身的合法地位时,陶器、石器、金属器及其他材质类型的种种对比和变化表达的"风格行为"就可能特别显著。风格行为与群体规模无关,而与意识形态和合法性策略直接相关。

在这个更灵活的社会模型中,风格应该被当成结构的表面形态予以研究。换言之,如同努巴、卡雅波和维多利亚范例所示,器物模式所见风格应该与社会结构的规则和过程联系起来。我们可以讨论社会或者文化整体的风格,这意味着表面形态是按照基本结构法则组织起来的。

一旦考虑到整个社会的风格,我们就回到先前以风格界定区域或者年代单位的考古学方法了。同一地区反复出现的陶器组合和其他风格被界定为文化,文化的边界就是或者被认为是社会单位的边界。但是,民族志和历史证据(Hodder 1978 已有总结)迅速证明,物质文化和社会单位的边界并不始终耦合。从加利福尼亚印第安人(Kroeber 1923)到波利尼西亚(Milke 1949)的民族志资料中,文化广泛可见。这些物质单位有时对应语言学分类(Clarke 1968),但是在大量个案中,物质文化的分布并不统一,难以确认与社会单位的对应关系。

如果考古学家不能回答"风格或者物质属性是否对应具有自我意识认同的群体"这一问题,他们就可能被艰难的问题绊倒:"为什么不同物质类型的区域边界有时没有融合产生新文化,而是不同文化针锋相对呢?"肯尼亚巴林戈地区的民族志材料表明,文化边界的显性程度和社会单位之间的经济竞争相关(Hodder 1982c)。如果存在更多的经济竞争和收益掠夺,即"消极互惠"时,物质边界就会更明显,反之亦然。消极互惠建立在"本我"和"他者"的类别差异上。"他者"需要与"本我"区分对待;有人企图无偿索取。消极互惠不太可能见于同一个社会单位的"本我"中,至少在长期意义上,这里取予基本平衡。单方面索取只可能来自本非"本我"者。物质区分界定了消极关系。随着竞争和掠夺加剧,就会出现攘外安内的额外开支。

如果不考虑边界被当成社会或者经济策略的情境,贸然总结消极互惠和物质文化或者风格边界的跨文化关系,这就是危险的。对巴林戈的研究表明,社会中年长和年轻男性之间的关系影响了边界的维系。让年轻男性作为武士参与到部落间的劫掠活动,这有利于年长男性。在缺乏这种内部张力的其他社会情境中,劫掠和物质文化边界也就不复存在。巴林戈地区干燥而贫瘠的环境和适宜游牧也是相关要素。如果不考虑这些要点,就无法进行通则总结。

讨论文化边界时,不仅需要考虑社会情境,还要考虑观念、信仰和思想。我们清楚,清教和天主教各有特定的生活方式,某种程度上互不兼容。文化风格是历史决定的,具有意识形态和社会基础。更一般而论,这表明,基于不同的基本结构的风格和文化群体可以并肩发展,由于两者行事方式并不兼容,就形成了显著边界。第三章对努巴部落的描述已经提及这种差异。维持显著的文化边界的两个过程——消极互惠和结构性不兼容——常常相互关联,因为"人我"对抗可能产生结构性差异,结构性和历史性差异进而激化了"人我"竞争。

结　论

只有当关联本身被视为社会过程时,艺术和装饰的风格才与控制社会整体的规则相关。艺术和装饰如何被运用、赋予意义,都取决于意识形态和社会策略。因此,将艺术类别或者图案形式与社会类型直接挂钩是不足取的,就像重复性图案与平等社会无关一样。这类模型预设了心理普遍规则和行为反馈。艺术和图案被视为社会过程的被动副产品和被动的信息。现实之中,艺术和图案,它们的内容和形式都有特定的历史意义,并且作为意识形态参与到社会策略之中。为了成功地运用于考古学中,我们的艺术和图案的民族志模型必须关注象征、社会过程和意识形态。

第九章　端详我们自身

纵贯全书，尤其是第七章和第八章，我们已经清晰地说明，考古学家需要检验自身的假设和预置概念。比如，任何被我们视为"不同寻常"之物都有被标识为仪式之虞。由于大多数西方考古学家属于衣食无忧的白人中产阶级，被他们视为"不同寻常"之物大致近似，而且与他们自身的情境相关。同时，对于这个群体而言，艺术意义非凡，这就影响了对史前绘画和雕塑的重建。

本章将考察本书已经论及的两个常见的预置观念。首当其冲的是考古学家强调功能性模式和理论的方式。这涉及适应性效应。众多考古学家认同，风格具有功能，但却疏于检查结构（第八章）。因为功能性原因，垃圾得到清理，但是它的价值却没有被认为是休戚相关的（第三章）。经济是适应性有效的（第四章）。就这样，一端是适应性功能和实用价值，另一端是文化规范和历史情境，两者之间已经出现裂缝。鸿沟意识来源于考古学家自身的价值系统。在我们自身的社会中，功能性效应是评估价值的首要维度。从刀叉到房屋、车辆乃至社会秩序，直截了当的功效都是关键要素。我们已经深陷于效益最大化之中而不能自拔。

另一个被施加于过去的预置概念与前者密切相关。物件、日常生活的细枝末节，都只是工具，是被动的副产品，几乎没有意识形态或者象征成分。我们已经见到某些考古学家如何将墓葬或者聚落模式视为社会组织的镜像。它们可以向考古学家揭示过去，但是在形塑和支持社会上毫无价值。

我们的社会惯常认为，器物被人们使用和操纵，却没有自反性关系。器物是琐碎的。因此，尽管西方社会以物质为基础，却极少有研究中心基于物质本身研究物质文化（比如，伯明翰大学的当代文化研究中心）。最近，考古学家开始强调物质文化研究在我们自身社会的重要性（比如 Rathje 1979；Gould and Schiffer 1981），然而，下文将提及，这些分析同样受到已经详述的实用主义预置观念的掣肘。

端详我们自身的物质文化的目标之一就是理解我们施加在过去的物质遗存上的预置观念和假设。如果我们想要超越强化自身的文化信仰的话，就需要谨慎和自我批判的分析。目标之二是更深入地理解存在于我们熟知和理解的情境之中的物质文化模式。第二章已经描述了进入异质文化的困难。也许，我们可以宣称，因为过于熟悉，了解自身的文化更难；清除预设的范畴，保持批判立场是困难的。但是，如果可以做到质询式自我分析，就可能获得比在陌生世界里惊鸿一瞥更深邃的洞察。

在众多方面，与没有工业化、高速交通、资本主义和市场经济、集权式政府和官僚主义社会关怀的史前时代相比，我们自身的社会截然不同。但是，如果核心问题是直接检验物质和社会变量之间的关联，询问关于这些关联的"为什么"问题，现代物质文化研究就能帮助理解过去。只要情境关系得到充分研究，我们就可以述说物质文化参与社会策略的方式以及"物"的本质，这些都有助于重建显著不同的过去。我希望在本章中明辨这个问题。

然而，考古学家开展的现代物质文化研究大都没有充分检验物质文化模式的生产背后的价值。维克和施斐尔（Wilk and Schiffer 1979）报道了亚利桑那图森（Tucson）的空地上的民族考古学研究。为了营建建筑，需要清理地块上的垃圾、路径和植被。针对空地上的遗弃行为，维克和施斐尔提出了若干通则性表述。比如，穿过地块时扔弃的物件任意散布在路径沿线。行走过程中，不再有用的包装、容器和烟头等物质在"转运"中被扔弃。维克和施斐尔提出，此类"转运"可能属于常见的跨文化类型，受到旅行距离和频率等变量的影响。另一项观察是原本存储在空地里的柱子、砖头和沙子最终可能因不再需要而被抛弃。他们提出，存储—抛弃过程可能就是与钱币窖藏和燧石边刃器堆积相关的常见过程。

事实上，这些不同类别的行为都属于特定的社会、文化和经济情境。特定类型的物质沿着特定路径（比如很少沿着自然公园的小径）以特定方式被抛弃，这取决于相互关联的变量的复杂整体。试举几例，我们遗弃在空地上的物质既与涉及遗弃和土地类型的总体价值相关，也与我们对不同类型环境的概念相关。"边走边吃"可能与我们对时间利用最大化的关注相关，也与饮食仪式的式微相关。同样，结构上，物件被码放和扔弃在空地上与批量购买省钱，或者与不同于商业建筑的"自助"经济系统相关。如果我们不知道社会系统中的什么变量与被观察的行为存在什么关联的话,就无法充分地利用这种类比解释过去。然而,维克和施斐尔没有检验相关情境。

儿童的痕迹——游乐场、树屋、灶台、烂瓶子、沙坑、林中空地和自行车道——也见于地块上。"这些零七碎八,常常带有破坏性的活动发生在空置地块上,而不是家里。"(Wilk and Schiffer 1979:532)我们仍然希望知晓,为何儿童们在两个区域中玩法不一。哈蒙德(G. Hammond)研究了儿童玩耍对垃圾模式的影响,其情境中绝大多数相关变量都可得到很好的理解,因为民族志调查的对象就是他的儿子(图46)。

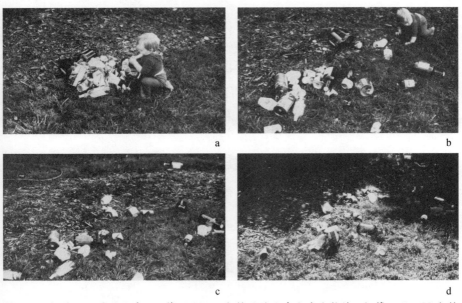

图46. 垃圾堆里玩耍的儿童　a 第一天,一分钟后的儿童和废弃物堆;b 第一天,23分钟后;c 第二天,玩耍了60分钟之后的垃圾;d 第三天,玩耍时间总计90分钟之后的垃圾。(哈蒙德版权所有)

无论垃圾何时被扔弃，它都没有"死亡"，仍可被再利用，被积极地赋予意义，参与到社会策略之中（参见第三章）。这个过程的极端案例就是儿童将垃圾当成玩具。哈蒙德家的成年人将不可降解的家内垃圾倾倒在斜坡草地上，形成直径1米、高0.5米的堆积。刚过一岁的儿童爬进来，绕着垃圾转了大约两个小时，每半个小时和结束时，他的行为结果都被记录下来。最终，垃圾被拾起、扔掷、搬移、卷裹和摇晃，直到产生高度分散的物件分布。

在何种程度上，我们可以从这个研究中总结，儿童可能影响，造成考古遗址中的器物离散分布呢？为了判断类比是否适用于过去，我们需要观察，为什么哈蒙德的儿子那样做。可能只有哈蒙德夫妇才能给予充分回答，但是我们不妨小心谨慎地猜测。最近三十年来，西方盎格鲁-撒克逊社会中产阶级家庭抚育儿童的方式发生了翻天覆地的变化。人们认识到，生命最初的岁月对于社会性和心智性发展至关重要，儿童需要通过实践学习，需要受到尽可能多的刺激，需要自由成长。现在，众多年轻夫妇容忍孩子全面介入自己的生活，孩子们既有所依赖，又很独立。"儿童权"已经到来。毋庸讳言，其他文化中，抚育儿童的方式截然不同。人们认为，英格兰若干少数族群的后代在人生初期就缺乏探索性和独立性。这样看起来，当面对一堆垃圾时，不是所有的儿童都像哈蒙德的儿子一样行动。诸多社会的儿童可能也不被允许这么做。在使用类比之前，我们必须更好地理解，不同文化中儿童是如何被对待和抚养的。

若干与本书较早的讨论相关的普遍通则就来自对遗弃行为的现代研究。特别是,拉什杰证明了第八章提出的言语和物质信息常常并不匹配的论点(Rathje 1978)。人们谈论自身行为本身可能就是现实的假象,需要当成社会过程的一部分予以理解。拉什杰发现,购买、饮食和遗弃习惯的问卷调查的结果与对垃圾桶中内容物的细致分析结果相悖。在收入、经济和遗弃行为之间关系上的诸多预测都无法得到客观分析的证实。人们可能常常无意识地夸大或者掩盖他们的行为,因为对问卷调查的回答,特别是关于垃圾的,是一个涉及得失的动态过程。拉什杰没有详尽检验言语描述和实际行为之间的关联,但是第三章已经讨论了吉卜赛人对待垃圾的复杂态度。

就像现代人可能以多种方式思考和利用垃圾一样,不同的工业化国家以不同方式组织聚落空间。当考古学家研究史前或者早期历史聚落遗址时,他们常常按照功能对房间(厨房、工作间、仓储等等)分类。即使这样的简单举动,也会将西方 20 世纪的概念强加在过去之上。如果和现代日本进行对比,西方的聚落空间观就表现得淋漓尽致(Canter and Lee 出版时间不明)。西方秉承每项功能对应专属空间的观念。然而,在日本住宅中,房间按照位置命名,从不指明功能。不同于我们的"客厅"或者"餐厅",日本空间的功能根据场合和需求而变。因此,每个空间的使用每天随时而变。随着门扉开合,空间规模自由变化。空间连续和不被打断的观念甚至波及存储空间,导致它也被当成起居区域对待。日本房间的任何部分需要床,就搬来床;需要桌子,就搬来桌子。空间的无差别使用与西方截然不同。作为考古学家,我们可以检验在何种程度上房间各有功能,但是我们决不能假设,它们本就应该贴上功能性标签。

上述各例都指向同样的通则问题,即社会和物质文化之间的关系是风格性的。墓葬、垃圾和聚落怎样与社会组织相关是生活的历史方式的组成部分,是意识形态。我们对待事物的方式类似于一种被称为"三明治现象"的生活方式。英国三明治非常薄,由精心切成的面包和小黄瓜片组成。无须张开大嘴,仪态得以维持。美国三明治则很厚实,需要咧嘴撕咬。对比的本质及其取向,看起来就是如此。

20世纪70年代后期底特律郊区的一家中学里,潘纳罗普·艾克特(Penelope Eckert 出版时间不明)注意到,两群学生的牛仔裤裤腿宽度明显不一。因此,来自不同社会经济背景的孩子就出现对比:来自本地社会经济上层的"健儿"(也被称为"精英"或者"朝气蓬勃者")和来自下层的"渣滓"(也被称为"混混"或者"怪胎")。艾克特测量了不同时间、学校不同区域的学生的牛仔裤裤腿宽度,表明存在一定的分区性。服饰上的差异可能部分来源于家境富裕的"健儿"能够紧跟时尚,牛仔裤迅速从喇叭口变成紧口。裤腿宽度也被各个群体视为身份建构的组成部分。

表 3 底特律某高中食堂午餐时间相同面积内牛仔裤裤腿平均宽度

西				东
区域一 ("健儿"区)	区域二	区域三	区域四 ("渣滓"区)	区域五
2.6	2.9	3.6	3.7	3.5

不同的裤腿宽度既从属于，又指向不同的生活方式。"渣滓"被所有人（包括他们自己）描述成吸烟、嗑药、在校园里游荡、对学校不感兴趣、对衣着也满不在乎的孩子。"渣滓"不在食堂吃饭，也不参加学校活动。过时的喇叭口牛裤仔风格意味着疏离和反形式主义。"健儿"不抽烟、很自律、热爱学习、拒绝毒品、积极参加校园活动、按时上课、衣着得体。与"渣滓"相比，他们希望遵循和融入到形式化的学校系统之中。牛仔裤裤腿宽度不仅仅标明差异，也指向特定的观念和期许，因而在形成和赋予每个儿童的生命意义上发挥了积极作用。

在英格兰，某些国立学校中也可见到类似对比。一方是疏远的、男性中心主义倾向的年轻"小伙"，另一方是循规蹈矩的乖乖生（Willis 1977）。简而言之，"小伙"倾向于取得手工的、半技艺的劳动阶级工作，而"乖乖仔"则有望获得资质，加入到入门级管理阶层。早在学校里，每个人就选择了阶级分化社会的一侧。管理者/工人、中产阶级/底层阶级、公立学校/国立学校的两极分化在英格兰仍然发挥了关键作用。尽管这并非富足人士刻意而为的结果，但的确是 20 世纪 60 年代的标志现象。五六十年代以来，老老少少都投身到一系列与阶级密切相关的"风格战争"中（York 1980；Hebdige 1979）。通过观察英国战后亚文化的服装和符号，我们可以知晓，物质文化如何用于标明群体认同。我们再度发现，物质符号不仅仅确认或者标明，它们也有助于形成意识形态和生活方式。它们之所以被选择，就是因为它们既有意义，又适用。

就这样，我们辨别出 1950 年以来英格兰的若干符号对比，并且进一步思考在可见的对比背后的意识形态、社会和经济原则。20 世纪 70 年代早期，嬉皮士运动发展成为以中产阶级为中心的广泛的主流共识。长发、宽松邋遢的着装、随意的生活方式、毒品或者超觉静思发展成对健康食物、生态、身体意识、内省和自由主义的关心。在 20 世纪 60 年代的对比中，一边是嬉皮士，一边是摩登族和摇滚派，但是随着众多摩登族变成嬉皮士，到 70 年代早期，两者对比已经变得模糊不清了。

1976 年之前崛起的朋克憎恶嬉皮士。在他们脑子里，嬉皮士就是"自我放纵、颓废的中产阶级傻瓜"。1976 年，希德·维瑟斯（Sid Vicious）鞭笞嬉皮士的照片不胫而走。朋克文化通过成为激进的、自觉的工人阶级文化，佩戴安全别针而不是精致的东方式耳环等等方式，反抗嬉皮士。朋克是城市无产者，佩戴拉链和项链在议会大厦前留影。以长筒靴对抗赤足或者凉鞋，以垃圾袋对抗皮草，以染色短发对抗耶稣迷的自然长发，朋克与嬉皮士截然不同。嬉皮士服大麻，而朋克嗅胶。当朋克发展朋克摇滚或者新浪潮音乐时，两者对比越来越强烈：时尚窄腿裤对比于松垮无型的牛仔裤，窄条领带和夹克对比于破抹布、破洞和光溜溜的脖子。朋克音乐急促而不畅、单调而冷漠。土豆泥一样的白脸"变得"具有攻击性和暴力，"变成"纳粹标志（铁十字标志）和IRA（贝雷帽、墨镜和竖领风雨衣）。

对比或者对立都不能详尽解释二分现象。每个符号都适用于特定的观念。嬉皮士"沉溺"于和平、爱、随意和自然之物。嬉皮士文化的衍生物都强调精神和身体的健康和纯洁、自我认知和自由社会主义意识。嬉皮士是柔软的。朋克则是坚硬的。嬉皮士梦想已经坠落。唯一前行的方式是"无政府主义"或者"系统崩溃"。朋克歌曲强调脱离、厌倦、城市暴力和变态。所有两分现象都起步于意识形态和社会层面。符号既是组成部分，又是支撑力量。

朋克文化是战后时代最不可思议的表达。每个人都通过物件、服饰、面部和身体绘画、染发等等充满原创性但又瞬息万变的艺术创造了自身身体。这种对自助的强调，表现为摇滚乐队的再度蓬勃（披头士时代早期之后就沦落的"一把吉他随时组队"现象复兴），这就是抵制20世纪60年代晚期和70年代早期摇滚音乐和大众消费主义风格的核心。但是，朋克采用了什么策略实现对比，激发意识形态呢？

新风格的特征之一是"剪辑"和"蒙太奇"。他们将针头线脑从常见情境中剥离出来，以混淆内外、颠倒上下的方式极尽嘲讽。他们从稳健保守、因循守旧的人士那里获取领带，但系上时却不着衬衣。新浪潮乐队穿上整洁的西装，却摆出粗鲁的性感姿

第九章　端详我们自身　215

图 47. 约翰尼·罗滕（Johnny Rotten）（York 1980）

态,染着闪亮的橙色头发,瞪着空虚的双眼。诸如安全别针和垃圾袋的日常物件都被纳入到全新的达达主义情境之中。铁十字符号得到运用,但是约翰尼·罗滕说,他的所有朋友都是黑人、同性恋和弃民;朋克和民族阵线形同路人。虽然纳粹标志仍很刺眼,但是在新情境中,它们的意义的某些特征得到修正。

朋克风格的效果表现在它将熟知之物放置到全新、始料不及、既令人震撼又让人心神不宁的组合之中。符号的内容(比如,铁十字符号本身)和使用方式(颠覆被接受的关系)都是暴力的。这正是他们的意图,粉碎系统,变外为内,变下为上。很多符号来自过去。朋克投身于"风格考古学"中,挖掘最近数十年的风格和时尚。诸多理由导致它成为适宜的策略。过去包含了可以嘲弄和颠覆的熟悉符号。同时,朋克生活在对20世纪60年代晚期充满怀旧情绪的时代。60年代的音乐、服饰和幸福感在时尚和媒体之中大行其道。通过赋予旧符号以新意义,揭露60年代的阴暗面,朋克碾碎了怀旧感。大多数象征意义与那个时代的工人阶级亚文化和少数族裔相关。我们也提到与准军事组织、铁十字和纳粹的象征性纽带。其他则指向50年代的单车男孩和60年代早期的摩登族。音乐明显受到拉斯特法里教信徒(Rasta)和雷鬼音乐的影响,新浪潮成为与同性恋运动密切相关的"营地"。

朋克表现出工人阶级的外形。它表达出青年在失业率高涨下的厌倦和空洞,肆无忌惮地向城市中心、假日海滩、足球场地甚至工业扔下一触即发的暴力。它是对集中体现在嬉皮士运动上、失败的中产阶级自由主义的反抗。这一切中，物质符号占据中心位置。之所以出现这种现象，部分原因是没几个朋克是善于表达的。另一方面，沉默的模棱两可可能意味更多，也更有效果。

当然，过去和现在还有众多其他年轻人亚文化，比如鲜被提及的摩登族、光头族和泰迪族。分析显示，被他们选择的物质符号同样是精准而充满意味的。约克（York 1980）描述了其他的中产和上层阶级集团。他描述的斯隆族（Sloane Rangers）和梅菲尔族（Mayfair Mercs）都是在英格兰可以轻易辨识出来的社会类型。在一系列相关观念下，他们的风格充满意义，比如见于马匹、衣着、车辆和斯隆族俱乐部的中产阶级上层"田园"风格。但是，70年代晚期的主要特征就是风格碎片化和多元化。一旦有人提出新风格，就会迅速招蜂引蝶。这将导致前文提及的"蒙太奇"过程和效仿。

朋克不得不坚持斗争，抵制媒体和中产阶级对他们的独特个性的侵蚀。染发和朋克风格成为中、上流阶级的时尚。它可能被传媒掠夺。市面上推出银色塑料链子。朋克被推向更明确、更公开的反抗，被迫走向极端，但持续不断地遭受中产阶级幻想，以及与劳工阶级同呼吸、共命运的中产阶级热望的重创。

在简要讨论最近二十年英国的风格变迁的某些侧面后，我们可以提出与考古学家相关、与他们对物质文化的理解相关的数点意见。第一，物质符号显然拥有作为整体的局部的意义，也从局部地位中获得意义。安全别针从与其他物件相关的使用情境中获得意义。同样，正是通过转型和颠覆整体意义，个人可以有效地使用符号。

第二，符号本身就有与过去的运用相关的意义。铁十字和万字符就是佳例，它们不是任意的符号。它们过去的关联影响了使用的新情境或者结构，但是，一旦放置到新组合中，符号的意义就迅速改变。结构和内容相互影响。物质一旦被使用，就会附加意义。

第三，因此，某些类型的象征过程中存在内在动力。朋克的"蒙太奇"过程就是一个极端范例，其整体风格就是通过置身于新情境，改变物件的意义。考古学家熟悉从已有的文化的细枝末节起步，最终形成全新的史前文化图景的方式。在朋克文化中，我们可以发现，这种方式以独特的速度和活力迸发出来。我们也可以看到类似的社会过程——弃其糟粕、取其作为社会和意识形态表达的精华。

第四，非常清楚，符号结构、内容和变化必须在意识形态情境中予以理解。大众媒体只能开发特定的器物，而那些器物之所以能被广泛接受，只是因为它们在特定的思想框架、生活方式之中拥有合适的象征意义。作为考古学家，我们必须更加关注建立物质符号如何被组织起来的规则的模型。

第五，规则可能不按常理出牌。物质符号可以说出词语不能或者没有表达的意思。很少有朋克可以清晰说明他们的符号的意义，但是，在物质领域，每个人都既行云流水，又意味深长。作为考古学家，我们不能挖掘出人们所言所思，但是我们可以挖掘出特定的表达形式，在含糊和微妙的表象下，既有力，又有效。

第六，向下或者向上模仿必然导致物质风格连续而迅速变化。当风格被跨社会类别模仿时，它们作为特定群体的象征符号的用途就会贬值，迫使这个群体为了维持物质对比，不得不发明或者获取新的象征符号（Miller 1982）。同时，模仿可以有效地掩饰或者抵消社会冲突。在英国，最近二十年中，众多领域都出现了向上模仿。黑人、女性和同性恋接二连三地成为合法的另类群体，他们的象征符号也被占用。尽管这些群体可能进一步分化，有目共睹的是强烈对比逐渐消融。但是，符号变迁并没有显著改善黑人、女性和同性恋者的真实地位。偏见依旧存在，甚至不减反升。风格战争中，少数群体的权力被削弱，他们的武器的效力下降。因此，他们的社会吁求也更不容易表达出来。

最后，尽管物质符号被复制或者"缴械"，在社会冲突的个人策略中，它们仍然占据重要的中枢位置。作为社会策略，人人都非言语性地创造了物质文化。物质符号拥有多种跨界意义，对于每个人而言，见仁见智。意义常常如同稍纵即逝的模糊图像，令人思绪驰骋，但又模糊不清。正因为这种情绪可能性，它们在社会表达中发挥了核心作用。它们是重要而关键的成分，绝非边缘、游离的副产品。

1981年夏天，就在我写作本章之际，伦敦、曼彻斯特、利物浦、布里斯托尔和其他主要城市都爆发了史无前例的城市骚乱。警察第一次在英国本土使用催泪瓦斯，利物浦的托迪斯区遭遇严重破坏。举国震惊，人们纷纷谴责法律和秩序崩溃、治安松弛、以及内陆城市失业率居高不下。在某些地方，比如伦敦的布里斯顿区，爆发了种族主义骚乱。在其他地方，比如托迪斯区，光头党因与国民阵线的瓜葛而遭到指责，但是并没有明确出现种族主义二分现象；年轻暴徒既有黑人，也有白人。

考虑到衰败的内陆城市里的失业率，几乎无人惊讶于已经爆发、远未平息的骚乱。但是，它的猛烈性、组织程度以及波及范围还是令人始料不及。当然，人们当下还不知道应对策略，甚至对骚乱的真正动因都不明就里。现在出现了调查和解决的呼吁。整个国家猝不及防。

为什么年轻人亚文化中清晰的警告和表达被基本漠视呢？音乐中，可以清晰读到暴力、否定一切权威的自我粉饰和物质符号。没有任何严肃分析会质疑问题的严重性。这只是因为，在我们的社会里，我们将服饰、音乐和文化艺术看成边缘和无关紧要之物，信号就这样被忽略了。考古学中，这种意识产生了第八章描述的结果。迪兹（Deetz 1977）的"遗忘的小物"提供了我们从未尝试理解的语言及整组情感和意图。

如果考古学可以唤醒我们对物质的态度，就能增进我们对自身的理解。在严重的社会问题爆发之前，意图和潮流常常体现在物质文化上。起初只是明辨特征，选边站队，抽象观念具象化，形成意图的"风格战争"。大规模社会动荡就孕育在这些琐事之中。在凝聚发酵的早期阶段，我们就必须读出"琐事"。如果考古学家有助于唤醒对社会变化早期阶段的物质文化重要性的意识，他们的贡献就不可小觑。

我已经提出七点理由，解释为何我笃信，考古学家可以受益于对英国战后青年亚文化的细致研究。今天，我们沉浸在考古学里，我们需要意识到它的存在，向它学习，生活于其中。尽管对现代西方风格的研究最近已经见诸法国（Bourdieu 1980），但是，英国罕有学者关注活态考古学。我们应该学习，并为我们所生存的社会做出贡献。

第十章　结论：考古人类学

阐释过去

本书证明，从聚落和墓葬到仪式和艺术等众多领域中，考古学家都依赖于以今观古。正如过去预示现在一样，现在也说明过去。正确运用类比就是考古学阐释的核心要务。

寻求严谨的类比使用的方法之一就是考虑材料和主题之间的精确近似程度。也有人指出，这种匹配性应该扩展到被比较的主要属性的情境或者环境。情境方法可能不仅仅是增加被比较事物的相似点，也应该包括评估哪些相似有助于建立成功的类比，哪些却无济于事。为了评估相关性，就需要优秀的自然和社会过程的理论知识。只有知晓某些类型的社会—文化情境中，装饰和垃圾之间关联的成因，我们才能说两者相关。

类比的另一种策略是确认变量之间关系的跨文化规则。但是，必须强调，这种策略的成功运用取决于能够证明这些变量为何相关。我们需要理解相关的自然和社会过程，也需要阐发理论，赋予跨文化统计以意义。同时，只有和解释关系成因的理论讨论相结合时，此类统计的运用才有解释力。

如果可以借助自然、物理或者化学规则，我们就更容易评估使用关系类比的相关性。因为水、风和土地的基本状况或多或少保持恒定，我们可以确认过去的哪些侧面与现状有关。关联过程就能得到描述或者测试。元素和化学属性的基本法则可以阐释可见的模式。如果有人认为对过去经济和技术的阐释比对社会组织和仪式的阐释更为容易的话，就是因为前者包含了更多、更容易通则化的自然过程。

至于物质文化与社会的关系，基本规律高度复杂，必然包含情境意义和意识形态。关系类比需要在聚落和墓葬的表象之下寻找基本过程（参见第五章宾福德和伍德伯恩研究的比较）。我们也亟需对社会过程中物质文化的通则性理解，这样就可以评估现代类比针对过去的相关性。另一方面，特定的历史情境需要按照自身的独特性和意义性予以理解。贯穿本书始终，跨文化通则和特定情境之间的张力随处可见。为了充分理解过去的特定时刻，两者都是必要的。然而，考古学家可以期待怎样重建与情境意义相关联的特殊性呢？

答案仍然在通则理论范畴之中。尽管每个文化情境都是独特的，但它是通过使用广为传播的法则历史性创造的。这可以以语言为证。比如，在表面层面上将语言和诸如环境等其他变量联系起来，都不足以解释任何特定语言（英语、法语或者俄语）。语言需要按照特定历史产物的方式进行理解。但是，在塑造过程中，可以运用广为传播的语言衍生法则和规律。特定地区有特定语言，但是语法规则、词汇结构和语言运用却是广泛可见的。

运用类比不会导致最终解决方案和一锤定音的阐释。预设、逻辑和结论都有可能出错。其他观点可能更有说服力。其他的阐释可能同样适用于材料。任何阐释都只是论争过程的一个阶段。然而，有人尝试通过采用逻辑演绎过程，"测试"他们的阐释。他们认为，按照"法则"或者通则，可以符合逻辑地推导结果。第二章就描述了宾福德对灰坑的推论。不幸的是，这种推论常常夹带了分析者自身的价值和预设。无论考古学家采用预设—演绎方法还是逻辑论证，一定要留意确认采用了谁的逻辑。基于对社会和意识形态行为情境的卓越的理论理解的逻辑，和基于20世纪中产阶级背景的逻辑不可同日而语。

具有自我意识的考古学是唯一严谨的考古学。如果考古学家希望具有阐释能力，他们就必须将意义和意识形态带入到社会过程和物质文化生产的模式中。考古学家容易忽视自身的预设，将自身的意识形态施加在过去之上。本书已经辨识出一系列此类偏见。比如，常常有人假设，评估社会机制和物件时，首要价值是功能、实用性和价值最大化（参见第三章）。一个相关的假设认为不同的活动侧面应该分别讨论。因此，就像本书的结构一样，分别讨论墓葬、聚落、生计方式和交换。但是，一旦考虑到结构或者关系类比，对于传统小规模社会而言，这些区分就变得不那么鲜明。比如，第三章对吉卜赛人的讨论就涉及众多"不同"类型的行为。或许，只有在与我们的社会同构的社会中，经济、文化和社会关系，功能和风格才如此鲜明地区分开来。

在考古学家对垃圾处理的态度中，可以显著地看到对卫生、健康和洁净的现代关注（第三章）。考古学话语的核心问题场域中，物质文化相对低下的地位也反映了中产阶级生活欠缺对其象征和意识形态侧面的关注。物质既被渴求，又被消费，但是物质本身被认为只有实用和社会功能。它们是人类控制的被动受体。正如第九章指出，从其自身角度研究物质文化还亟待发展。

为了意识到我们可能施加在过去之上的预置观念，我们必须"活"在考古学中，不是戈尔德的"活的考古学"（Gould 1978a），而是更激进地从我们日常生存的世界获取知识和经验。然而，如果我们只关注自身，对自身逻辑的相对性熟视无睹的话，也存在一定风险。与其他文化比较，与社会人类学家的结论比较，就能增强对我们自身的文化偏见的意识。考古学的正确目的就是促进形成批判性自我意识。

物质文化理论

上述讨论已经表明对社会进程和意识形态进程理论及与物质文化相互关系理论的需求。只有通过适当的通则理论，我们才能评估特定类比的相关性，确保跨文化对应关系的有效性。因为考古学家从物质文化中探寻过去的各个侧面，他们主要关注的就是物质世界。阐发的理论也必然围绕物质文化。在现代世界里追寻这样的理论就被称为考古人类学。与第二章描述的作为田野方法的民族考古学不同，考古人类学就是人类文化的通则化科学的组成部分。

尽管考古学家和人类学家认定物质文化具有功能性用途,或者如同语言一样,但是很少有人尝试将其界定为具有独特理论的独特领域。乍看起来,我们几乎无法说出关于伦勃朗画作、餐叉和左脚足球鞋几件毫不搭界的物品既有效又有趣的观点。这些物品都有功能性价值(社会的、意识形态的和实用的),但与此同时,和语言由二进制或者其他编码组成一样,它们被建构起来,远不仅仅是工具或者言辞。本书粗略涉及物质文化的更多属性,在讨论统一或者多种物质文化理论的可能性时,可以总结这些显著特征。

第一,物质符号受到主观价值影响。它们不仅仅表明社会等级和角色。它们不会像辞章符号那样说,"这个人属于某个类别",但是形成了那个人和类别的特性。符号通过形式类比和使用关联"说出"由符号构成的基本信仰和价值。物质符号既是行为的模型,也是服务于行为的模型。由于物质符号被赋予了价值,具有定性特征,它们都不是任意选择的。在第九章,物件完美遵循了整套文化价值的生产和使用被称为"三明治现象"。通过在过去的文化情境中比较形式,通过检验物品的组合和使用,考古学家可以确认符号的意义。

作为第一点的结果,我们必须借助器物被使用,形态与特定价值相结合的特殊历史局势理解符号。当然,有人可能宣称,为了了解童谣或者举帽致礼在当下的使用和意义,并不必了解其全部历史。但是,对于文化特征在任何文化情境中的运用而言,它的历史绝不是毫不相干的。尽管在当下情境中,一个特定特征的遥远起源可能无足轻重,但是较为晚近的历史必定是休戚相关的。在与万字符的现代意义的关系上,其完整历史可能不及晚近历史那么密切。普遍而言,符号的选择是现代策略的组成部分,至少受到不久之前的使用的影响。不过,一旦符号用于全新的情境中,它的意义和历史也随之改变。

在很多情况下,口头表达的信息必须毫不含糊。虽然在某些情境中,某些物质符号也是清晰无误的,然而,物件和建构世界的结构的意味人言人殊。它们常常被随意再释,其含义也被不断重新评估。视觉形象的含混特色是20世纪艺术的中心主题,也是物质文化理论的第三点。

第四点涉及第九章提及的自助"蒙太奇"和快速变迁的可能性。由于物质的象征性更甚于语言,由于含糊性普遍存在,其过程规则不及在语言中严格,存在更大的拆分和重组的可能性。在现代英国,这种过程日新月异,它们可能是多种社会策略类型的特征。

第五,物质文化在某些方面和仪式一样,可能更像表演或者演出,而不是抽象编码或者语言。它可能激发、震撼或者干扰;它不是社会行动的被动成分。不确定性就像想象的、非真实的角色一样,可以产生情绪效果。

因此,第六,物质常常表达理想世界,而不是被动地反映现实。尽管我们可能强调我们自身的众多物质符号的功能性本质,但是它们常常代表了我们的期盼。众多现代房屋的"梦幻世界"

装饰无比清楚地说明了这点。第八章描述的"夜壶现象"就涉及如何无中生有。夜壶上的装饰和鸟、花和喷泉等模印纹样使在维多利亚时代令人生厌之物也能被人接受。第六和第七章讨论了某些墓葬仪式和其他类别仪式的"想象"本质。不过,物质世界并不仅仅是想象的,与实际活动无关。在苏丹的努巴人中,灰烬涂抹在牛身上可以防蚊。由于实际关联,灰烬就可能具有保护的象征意义,在埋葬仪式中也是如此。"想象"仪式关联影响了将灰烬撒在牛群上,象征性地保护它们。在这个案例中,现实世界形成了物质模式及其构想的价值。但是,我们仍然可以提出,努巴人关心牛群不受蚊虫骚扰,其原因在于牛的重要性和灰烬的意义等一系列预置观念。器物的意义大多来自实际性和社会性使用,但是始终包含着观念和价值。

第七,不论是我们自身的社会还是其他社会中,众多物质的象征性意义都没有得到充分讨论。显然,哪些物质被言语知识包围取决于社会情境的不同属性。比如,如果地位和社会控制建立在对物质意义知识的限制性接触之上(如 Barth 1975),就可能存在精心建构的言语知识。但是,在很多情况下,人们可能知道如何针对物质文化采取行动,但是却不能准确解释这些行为的原因。众多物质表达悄无声息,波澜不惊。口头语言也是如此,但是,出于对信息本身,信息的解码的强调,意义必须清晰,不能遮遮掩掩。

第八,文化参与者发现难以描述物质行为,因此,分析者可能尝试提供物质符号的科学语言描述和分析,混淆了充分的理解和阐释。科学考古学结构严谨的描述和语言程式可能无法捕捉物质话语激动人心和充满情绪的内容。采取诗意和隐晦语言不失为更适宜、更富成效的分析和阐释步骤。

最后，众多物质符号被赋予了价值，含混、多焦点、常常没有按照有意识地或者可言语的方式组织起来，这导致它们在意识形态或者社会策略中特别重要。它们提供了社会关系的特质。物质结构并不等于社会结构。相反，对社会行为的阐释牵涉到物质世界。器物对于不同的人意味不同，可能有时意义相互抵牾，所以它们可以揭示社会特征，也可掩盖；可以表达，也可误表。

最后一个民族志范例可能有助于阐明物质文化理论的上述某些侧面。当今英国文化就是很好的说明，因为英国的年轻人常常通过视觉而非语言，强调与成人世界的隔离。一个高度完善，但所有字面描述和阐释都不足以表达的符号就是作为朋克服饰的安全别针。当被采访为何佩戴别针时，朋克宣称"只是图个乐""没啥特别意思"，然后就是不断重复唠叨，"你明白我的意思吗？"他们的诗意性和情绪性歌曲早已清楚说明，但是在日常言语中，朋克生活方式实践者却没法解释清楚。然而，这并不妨碍英国社会中非朋克参与者提供意义，试图解释安全别针的广泛流行和视觉成功。被赋予的意义包括与将针刺入脸部和鼻子相关的侵略性和愤怒。使用别针成为朋克式行为风格的攻击性的类比。然而，其他人则通过和小孩或者尿布的关联将别针视为祈求怜悯。朋克是反嬉皮士的，穿在耳上的别针可以被看成对众多嬉皮士佩戴的东方式耳环的嘲讽。别针便宜，人人皆可得。这导致朋克的另一项价值观——人人皆可自为。最后，别针和链条一起意味着束缚，这是朋克青年中经久不衰的主题。在同一情境中赋予别针的五种意义说明物质符号的含糊性和多重性，表明不同意义都能适用于同一套价值观和生活方式。物质世界的这些特征（含糊性、多重性等等）也广泛见于民族志情境。但是，通过在自身文化中思考象征符号，我们得到了明确的结论。特别是，以常规的言语描述捕捉物质符号的意义的尝试是不足为据的。五种阐释可能无一准确，也可能无一错误。描述和寻找诸如别针等符号的准确的言语阐释可能是误导的。物质唤醒的图像越清晰，言语描述就越含混。社会行为者"知晓如何前行"。他们知道如何运用物质和局势实现目标。但是，这种实践知识无须和任何理论性和分析性理解相结合。另一方面，针对物质的行为会留下客观痕迹。物质文化呈现社会关系，因此也可以被操纵，改变社会关系的特性和结构。

与器物相关的一众疑问、问题和分析领域都浮出水面。超越物质文化理论的通则层面，还存在着发展特定假设的需求。本书提出了关于装饰、垃圾、聚落结构和动物骨骼的运用等想法。在所有假设中，物质文化理论的某些通则特征（比如，意义、意识形态、非被动性角色）明若观火。由于这些理论是在考古人类学中发展而来的，运用类比阐释过去就变得更加可靠。这将分道扬镳地产生更严谨的考古学和更具相对性的考古学，有助于理解由我们创造、我们也身处其中的物质世界。

致　谢

以下出版社惠允本书复制插图，谨表致谢。

Academic Press，图 22 选自 Steensberg A., 1980, *New Guinea gardens*。

George Allen and Unwin，图 41c 选自 Heyerdahl T. and Ferdon E. N. (eds), 1961, *Archaeology of Easter Island* 第一卷。

Athlone Press，图 41d 选自 Evans J. D., 1971, *The Prehistoric Antiquities of the Maltese Islands: A Survey*。

Barrie and Jenkins，图 35、36 和 27 选自 Rapoport A. (ed.), 1969, *Shelter and Society*。

Cambridge University Press，图 29 选自 Hugh Jones C. 1979, *From the Milk River*。

Chapman and Hall Ltd，图 16 选自 Clark J. G. D., 1952, *Prehistoric Europe: The Economic Basis*。

Jonathan Cape，图 41b 选自 Renfrew A. C., *Before Civilization, The Radiocarbon Revolution and Prehistoric Europe*。

Hutchinson，图 39b 选自 Phillips P., 1975, *Early Farmers of*

West Mediterranean Europe。

International African Institute，图 33 和 34 选自 *Africa* 卷 50。

International Louis Leakey Memorial Institute for African Prehistory，图 21 选自 Leakey R. E. and Ogot B. A.（eds），1980, *Proceedings of the 8th Panafrican Congress of Prehistory and Quaternary Studies*。

Kroeber Anthropological Society，图 11 选自 *Kroeber Anthropological Society Papers*，卷 37。

Michigan Discussions in Anthropology，图 28 选自 Smiley F. E. et al（eds），1980, *The Archaeological Correlates of Hunter Gatherer*。

Prehistoric Society，*Proceedings of the Prehistoric Society*，图 2a 和 32 选自卷 6，图 27 选自卷 5，图 3 选自卷 37，图 5 选自卷 32，图 40 选自卷 44。

Prentice Hall，图 41a 选自 Sahlins M. D., 1968, *Tribesmen*。

Rex Features Ltd，图 47 选自 York P., 1980, *Style Wars*。

Society of Antiquaries，图 39 选自 *Antiquaries Journal* 卷 51。

Thames and Hudson，图 1a 选自 Megaw J. V. R.（ed.），1976, *To Illustrate the Monuments*，图 5 和 6 选自 Willey G. R. and Sabloff J. A., 1974, *A History of American Archaeology*，图 42 和 43 选自 Clark J. G. D., 1967, *The Stone Age Hunters*。

同时，感谢弗朗索瓦丝查阅相关文献并提出意见。部分书稿是我在担任阿姆斯特丹大学凡·吉芬史前和原史研究所访问教授期间完成的，谨向研究所工作人员的耐心和热情致以诚挚的谢意。

参考文献

ADAMS M.J. 1973 'Structural aspects of a village art', *American Anthropologist* 75, 62–79
ALSCHULAR R.H. and HATTWICK L.W. 1947 *Painting and personality: a study of young children*, U.C.P., Chicago
ANDERSON K.M. 1969 'Ethnographic analogy and archaeological interpretation', *Science* 163, 133–8
ARNOLD D.E. 1978 'Ceramic variability, environment and culture history among the Pokom in the valley of Guatemala' in Hodder I. (ed) *Spatial organisation of culture*, Duckworth, London
ASCHER R. 1962 'Ethnography for archaeology: a case from the Seri Indians', *Ethnology* 1, 360–69
AUDOUZE F and JARRIGE C. 1980 'Perspective et limites de l'interpretation anthropologique des habitats en archéologie, un example contemporain: les habitats de nomades et de sedentaires de la plaine de Kachi, Baluchistan' in Barrelet M.T. (ed) *L'archéologie de L'Iraq*, C.N.R.S., Paris
BAKELS C.C. 1978 *Four Linearbandkeramik settlements and their environment*, Analecta Praehistorica Leidensia 11
BALFET H. 1966 'Ethnographic observations in North Africa and archaeological interpretation: the pottery of the Maghreb' in Matson F.R. (ed) *Ceramics and man*, Viking Fund Publication in Anthropology 4
BALFET H. 1980 'A propos du metier de l'argile: example de dialogue entre archeologie et ethnologie' in Barrelet M.T. (ed) *L'archéologie de l'Iraq*, C.N.R.S., Paris
BARRELET M.T. 1980 'A propos du metier de l'argile: example de dialogue entre archéologie et ethnologie' in Barrelet M.T. (ed) *L'archéologie de l'Iraq* C.N.R.S., Paris
BARRY H. 1957 'Relationships between child training and the pictorial arts', *Journal of Abnormal and Social Psychology* 54, 380
BARTH F. 1956 'Ecologic relations of ethnic groups in Swat, North Pakistan', *American Anthropologist* 58, 1079–89
BARTH F. 1975 *Ritual and knowledge among the Baktaman of New Guinea*, Yale University Press, New Haven
BATES D. 1973 *Nomads and farmers: a study of the Yoruk of south-eastern Turkey*, Museum of Anthropology, University of Michigan, Anthropological Paper 52, Ann Arbor
BENDER B. 1978 'Gatherer-hunter to farmer: a social perspective', *World Archaeology* 10, 204–22
BERSU G. 1940 'Excavations at Little Woodbury, Wiltshire', *Proceedings of the Prehistoric Society* 6, 30–111

BINFORD L.R.   1967   'Smudge pits and hide smoking: the use of analogy in archaeological reasoning', *American Antiquity* 32, 1–12
BINFORD L.   1971   'Mortuary practices: their study and their potential' in Brown J.A. (ed.) *Approaches to the social dimensions of mortuary practices*, Society for American Archaeology Memoir, 25
BINFORD L.R.   1972   *An archaeological perspective*, Seminar Press, New York
BINFORD L.R.   1976   'Forty-seven trips: a case study in the character of archaeological formation processes' in Hall E.S. (ed.) *Contributions to anthropology: the interior peoples of Northern Alaska. Archaeological Survey of Canada* 49, 299–351, Ottawa National Museum of Man, Ottawa
BINFORD L.R.   1978   *Nunamiut ethnoarchaeology*, Academic Press, New York
BINFORD L.R.   1980   'Willow smoke and dogs' tails: hunter-gatherer settlement systems and archaeological site formation', *American Antiquity* 45, 4–20
BINFORD L.R.   1981   *Bones: ancient men and modern myths*, Academic Press, London
BINFORD L.R. and CHASKO W.J.   1976   'Nunamiut demographic history: a provocative case' in Zubrow E.B.W. (ed.) *Human demography*, University of New Mexico Press, Alburquerque
BINFORD L.R. and S.R. (eds)   1968   *New perspectives in archaeology*, Aldine, Chicago
BLACKMORE C., BRAITHWAITE M and HODDER I.   1979   'Social and cultural patterning in the late Iron Age in southern England' in Burnham B. and Kingsbury J. (eds) *Space, hierarchy and society*, British Archaeological Reports, International Series 59
BLOCH M.   1971   *Placing the dead*, Seminar Press, London
BLOCH M.   1977   'The past and present in the present', *Man*, 12, 278–292
BONNICHSEN R.   1973   'Millies' camp: an experiment in archaeology', *World Archaeology* 4, 277–91
BOSERUP E.   1975   *The conditions of agricultural growth*, Aldine, Chicago
BOURDIEU P.   1977   *Outline of a theory of practice*, Cambridge University Press, Cambridge
BOURDIEU P.   1980   *La distinction*, Minuit, Paris
BRAITHWAITE M.   1982   'Pottery as silent ritual discourse' in Hodder I. (ed.) *Symbolic and structural archaeology*. Cambridge University Press, Cambridge
BRIM J.A. and SPAIN D.H.   1974   *Research design in anthropology*, Holt, Rinehart and Winston
BUNZEL R.   1929   *The Pueblo potter, a study of creative imagination in primitive art*, University Press, New York
BURNS T. and LAUGHLIN C.A.   1979   'Ritual and social power' in D'Aquili E.G., Laughlin C.A. and McManus J. (eds) *The spectrum of ritual – a biogenetic structural analysis*, Columbia University Press, New York
CAMPBELL J.   1968   'Territoriality among ancient hunters: interpretations from ethnography and nature' in Meggers B.J. (ed.) *Anthropological archaeology in the Americas*, Anthropological Society of Washington

CANTER D. and HOI LEE K.   n.d.   'A non-reactive study of room usage in modern Japanese apartments', Circulated mimeograph
CARNEIRO R.L.   1970   'A theory of the origin of the state', *Science* 169, 733–38
CARNEIRO R.L.   1979   'Tree felling with a stone axe' in Kramer C. (ed.) *Ethnoarchaeology*, Columbia University Press, New York
CHAPMAN R.   1981   'Archaeological theory and communal burial in prehistoric Europe' in Hodder I., Isaac G. and Hammond N. (eds) *Pattern of the past*, Cambridge University Press, Cambridge
CHAPPELL J.   1966   'Stone axe factories in the highlands of East New Guinea', *Proceedings of the Prehistoric Society* 32, 96–121
CHERRY J., GAMBLE C. and SHENNAN S.J. (eds)   1978   *Sampling in contemporary British Archaeology*, British Archaeological Reports, British Series 50
CHILDE V.G.   1931   *Skara Brae*, Kegan Paul, London
CHILDE V.G.   1950   *The dawn of European civilisation* (5th ed.), Routledge, London
CHISHOLM M.D.I.   1962   *Rural settlement and land use: an essay in location*, Hutchinson, London
CHRISTY H. and LARTET E.   1875   *Reliquae Aquitanicae*
CLAMMER J. (ed.)   1978   *The new economic anthropology*, Macmillan, London
CLARK J.G.D.   1952   *Prehistoric Europe: the economic basis*, Methuen, London
CLARK J.G.D.   1954   *Excavations at Star Carr*, Cambridge University Press, Cambridge
CLARK J.G.D.   1965   'Traffic in stone axe and adze blades', *Economic History Review*, 2nd series, 18, 1–28
CLARK J.G.D.   1967   *The Stone Age hunters*, Thames and Hudson, London
CLARK D.L.   1968   *Analytical Arhcaeology*, Methuen, London
CLARKE D.L.   1972   'A provisional model for an Iron Age society and its settlement system' in Clarke D.L. (ed.) *Models in archaeology*, Methuen, London
COLES J.   1973   *Archaeology by experiment*, Hutchinson, London
COLES J.   1979   *Experimental archaeology*, Academic Press, London
CONKEY W.   1978   'Style and information in cultural evolution: toward a predictive model for the Paleolithic' in Redman C. *et al* (ed.) *Social Archaeology*, Academic Press, New York
COPI I.M.   1954   *Introduction to logic*, Macmillan, New York
CRADER D.C.   1974   'The effects of scavangers on bone material from a large mammal: an experiment conducted among the Bisa of the Luangwa Valley, Zambia' in Donnan C.B. and Clewlow C.W. (eds) *Ethnoarchaeology*, University of California, Los Angeles, Institute of Archaeology, Monograph 4
CRANSTONE B.A.L.   1971   'The Tifalmin: a 'Neolithic' people in New Guinea', *World Archaeology* 2, 134–42
CUNLIFFE B.W.   1971   'Danebury, Hampshire: first interim report on the

excavation, 1969–70', *Antiquaries Journal* 51, 240–52
DALTON G. 1969 'Theoretical issues in economic anthropology', *Current Anthropology* 10, 63–102
DALTON G. 1981 'Anthropological models in archaeological perspective' in Hodder I., Isaac G. and Hammond N. (eds) *Pattern of the past*, Cambridge University Press, Cambridge
DANIEL G.E. 1950 *A hundred years of archaeology*, Duckworth, London
DAVID N. 1971 'The Fulani compound and the archaeologist', *World Archaeology* 3, 111–131
DAVID N. 1972 'On the life span of pottery, type frequencies and archaeological inference', *American Antiquity*, 37, 141–2
DE BRY T. 1590 *America, part 1*, Frankfort
DEETZ J. 1965 *The dynamics of stylistic change in Arikara ceramics*, Illinois Studies in Anthropology 4, University of Illinois Press, Urbana
DEETZ J. 1977 *In small things forgotten*, Anchor Books, New York
DEETZ J. and DETHLEFSEN E. 1971 'Some social aspects of New England colonial mortuary art' in Brown J.A. (ed.) *Approaches to the social dimensions of mortuary practices*, Society for American Archaeology Memoir 25
DE MONTMOLLIN O. 1980 'The archaeological record of an Alaskan whale hunting community' in Smiley F.E. et al. (eds) *The archaeological correlates of hunter-gatherer societies: studies from the ethnographic record*, Michigan Discussions in Anthropology, 5
DIVALE W.T. 1977 'Living floor area and marital residence: a replication', *Behaviour Science Research* 12, 109–116
DONLEY L. 1982 'Space as symbolic marker' in Hodder I. (ed.) *Symbolic and structural archaeology*, Cambridge University Press, Cambridge
DONNAN C.B. and CLEWLOW C.W. (eds) 1974 *Ethnoarchaeology*, University of California, Los Angeles, Institute of Archaeology, Monograph 4
DOUGLAS M. 1966 *Purity and danger*, Routledge and Kegan Paul, London
DOUGLAS M. 1970 *Natural symbols*, Barrie and Rockliff, London
DUGDALE W. 1856 *The antiquities of Warwickshire illustrated*
DURKHEIM E. 1915 (transl. 1964). *The elementary forms of religious life*, Allen and Unwin, London
DYSON-HUDSON N. 1972 'The study of nomads' in Irons W. and Dyson-Hudson N. (eds) *Perspective on nomadism*, Brill, Leiden
EARLE T. 1978 *Economic and social organisation of a complex chiefdom: the Halelea district, Kaua'i, Hawaii*, Anthropological Papers, Museum of Anthropology, University of Michigan 63
EBERT J. 1979 'An ethnoarchaeological approach to reassessing the meaning of variability in stone tool assemblages' in Kramer C. (ed.) *Ethnoarchaeology*, Columbia University Press, New York
ECKERT P. n.d. 'Clothing and geography in a suburban high school', Circulated mimeograph
ELLISON A. 1981 'Towards a socio-economic model for the Middle Bronze Age in southern England' in Hodder I., Isaac G. and Hammond N. (eds) *Pattern of the past*, Cambridge University Press, Cambridge

ELLISON A. and DREWETT P. 1971 'Pits and post-holes in the British early Iron Age: some alternative explanations', *Proceedings of the Prehistoric Society* 37, 183-194

EMBER C. and M. 1972 'The conditions favouring multilocal residence', *South-western Journal of Anthropology* 28, 382-400

EMBER M. 1967 'The emergence of neolocal residence', *Transactions of the New York Academy of Sciences* 30, 291-302

EMBER M. 1973 'An archaeological indicator of matrilocal versus patrilocal residence', *American Antiquity* 38, 177-82

EMBER M. and C. 1971 'The conditions favouring matrilocal versus patrilocal residence', *American Anthropologist* 73, 571-94

EVANS J. 1860 'Reigate flints', *Proceedings of the Society of Antiquities*, January 1860

EVANS J.D. 1971 *The prehistoric antiquities of the Maltese Islands: a survey*, Athlone Press, University of London

FEWKES J.W. 1893 'A-wa-to-bi: an archaeological verification of a Tusayan legend', *American Anthropologist* 6, 363-75

FIRTH R. 1927 'Maori hill-forts', *Antiquity* 1, 66-78

FISCHER J.L. 1961 'Art styles as cultural cognitive maps', *American Anthropologist* 63, 79-93

FLETCHER R. 1981 'People and space: a case study of material behaviour' in Hodder I., Isaac G. and Hammond N. (eds) *Pattern of the past*, Cambridge University Press, Cambridge

FOLEY R. 1981 'Off-site archaeology: an alternative approach for the short sited' in Hodder I., Isaac G. and Hammond N. (eds) *Pattern of the past*, Cambridge University Press, Cambridge

FORD J.A. 1954 'The type concept revisited', *American Anthropologist* 56, 42-57

FORGE A. 1972 'Normative factors in the settlement size of Neolithic cultivators (New Guinea)' in Ucko P., Tringham R. and Dimbleby G. (eds) *Man, settlement and urbanism*, Duckworth, London

FRANKENSTEIN S. and ROWLANDS M. 1978 'The internal structure and regional context of early Iron Age Society in south-west Germany', *Bulletin of the Institute of Archaeology* 15, 73-112

FREEMAN C.G. 1968 'A theoretical framework for interpreting archaeological materials' in Lee R.B. and De Vore I. (eds) *Man the hunter*, Aldine, Chicago

FRIED M. 1967 *The evolution of political society*, Random House, New York

FRIEDL E. 1975 *Women and men*, Holt, Rinehart and Winston, New York

FREIDMAN J. 1975 'Tribes, states and transformations' in Bloch M. (ed.) *Marxist analyses and social anthropology*, Malaby Press, London

FRIEDRICH N. 1970 'Design structure and social interaction: archaeological implications of an ethnographic analysis', *American Antiquity* 35, 332-43

GALLAGHER J.P. 1972 'A preliminary report on archaeological research near Lake Zuai', *Annaler d'Ethiopie* 9, 13–18
GALLAGHER J.P. 1977 'Contemporary stone tools in Ethiopia: implications for archaeology', *Journal of Field Archaeology* 4, 407–14
GELLNER E. 1973 'Introduction to nomadism' in Nelson C. (ed.) *The desert and the sown*, Institute of International Studies, Research Series 21, Berkeley
GIFFORD D.P. 1977 *Observations of modern human settlements as an aid to archaeological interpretation*, PhD dissertation, University of California, Berkeley
GIFFORD D.P. and BEHRENSMEYER A.K. 1978 'Observed depositional events at a modern human occupation site in Kenya', *Quaternary Research* 8, 245–66
GIMBUTAS M. 1974 *The gods and goddesses of old Europe*, Thames and Hudson, London
GIMBUTAS M. 1977 'Gold treasure at Varna', *Archaeology* 30, 44–51
GOLDSTEIN L. 1976 *Spatial structure and social organisation: regional manifestations of Mississippian society*, PhD dissertation, North-western University
GOODY J. 1971 *Technology, tradition and the state in Africa*, Oxford University Press, London
GOULD R. 1974 'Some current problems in ethnoarchaeology' in Donnan C.B. and Clewlow C.W. (eds) *Ethnoarchaeology*, University of California, Los Angeles, Institute of Archaeology, Monograph 4
GOULD R. 1977 *Puntutjarpa Rockshelter and the Australian Desert Culture*, American Museum of Natural History, Anthropological Papers 54, New York
GOULD R. 1978a 'Beyond analogy in ethnoarchaeology' in Gould R. (ed.) *Explorations in ethnoarchaeology*, University of New Mexico Press, Albuquerque
GOULD R. (ed.) 1978b *Explorations in ethnoarchaeology*, University of New Mexico Press, Albuquerque
GOULD R. 1980 *Living archaeology*, Cambridge University Press, Cambridge
GOULD R. and SCHIFFER M. (eds) 1981 *Modern material culture*, Academic Press, New York
HAALAND R. 1980 'Man's role in the changing habitat of Mema during the Old Kingdom of Ghana', *Norwegian Archaeological Review* 13, 31–46
HAALAND R. 1981 *Migratory herdsmen and cultivating women*, Archaeological Museum, University of Bergen
HALL S, and JEFFERSON T. (eds) 1976 *Resistance through rituals*, Hutchinson, London
HALSTEAD P. 1981 'From determinism to uncertainty: social storage and the rise of the Minoan palace' in Sheridan A. and Bailey G.N. (eds) *Economic archaeology*, British Archaeological Reports, International Series 96
HALSTEAD P. 1982 'The animal bones' in Hodder I. (ed.) *The excavation*

of an Iron Age and Romano-British settlement at Wendens Ambo, Essex, Passmore Edwards Museum, London

HAMMOND G. and N. 1981 'Child's play: a distorting factor in archaeological distribution', *American Antiquity* 46, 634–6

HARDIN M.A. 1979 'The cognitive basis of productivity in a decorative art style: implications of an ethnographic study for archaeologists' taxonomies' in Kramer C. (ed.) *Ethnoarchaeology*, Columbia University Press, New York

HARPENDING H.C. 1976 'Regional variation in !Kung populations' in Lee R.B. and De Vore I. (eds) *Kalahari hunter-gatherers*, Harvard University Press, Cambridge, Mass.

HARPENDING H. 1977 'Some implications for hunter-gatherer ecology derived from the study of spatial structure of resources', *World Archaeology* 8, 275–86

HAWKES K., HILL K. and O'CONNELL J.F. 1982 'Why hunters gather: optimal foraging and the Aché of eastern Paraguay', *American Ethnologist* 9, 379–98

HEBDIGE D. 1979 *Subcultures: the meaning of style*, Methuen, London

HEDGES J. and BUCKLEY D. 1978 'Excavations at a Neolithic causewayed enclosure, Orsett, Essex 1975', *Proceedings of the Prehistoric Society* 44, 219–308

HEIDER K.G. 1967 'Archaeological assumptions and ethnographical facts: a cautionary tale from New Guinea', *South-western Journal of Anthropology* 23, 52–64

HESSE M.B. 1974 *The structure of scientific inference*, MacMillan, London

HEYERDAHL T. and FERDON E.N. (eds) 1961 *Archaeology of Easter Island*, V.I.I. Monographs of the School of American Research and the Museum of New Mexico 24, Allen and Unwin, London

HILL A. 1980 'A modern hyaena den in Amboseli National Park, Kenya' in Leakey R.E. and Ogot B.A. (eds) *Proceedings of the 8th Pan-African Congress of Prehistory and Quaternary studies Nairobi, September 1977*, The International L. Leakey Memorial Institute for African Prehistory, Nairobi

HILL J. 1965 *Broken K: a prehistoric community in Eastern Arizona*, PhD Dissertation, University of Chicago

HILL J. 1970 *Broken K Pueblo*, Anthropology Papers of the University of Arizona 18

HILL J. 1977 'Individual variability in ceramics and the study of prehistoric social organisation' in Hill J. and Gunn J. (eds) *The Individual in Prehistory*, Academic Press, New York

HITCHCOCK R.K. 1980 'The ethnoarchaeology of sedentism: a Kalahari case' in Leakey R.E. and Ogot B.A. (eds) *Proceedings of the 8th Pan-African Congress of Prehistory and Quaternary Studies, Nairobi, September 1977*, International L. Leakey Memorial Institute for African Prehistory, Nairobi

HIVERNEL F. 1978 *An ethnoarchaeological study of environmental use in the Kenya highlands*, PhD dissertation, University of London

HODDER I. 1975 'The Spatial distribution of Romano-British small towns' in Rowley T. and Rodwell W. (eds) *Small towns of Roman Britain*, British Archaeological Reports, Oxford
HODDER I. 1977 'The distribution of material culture items in the Baringo district, Kenya', *Man* 12, 239–69
HODDER I. (ed.) 1978a *The spatial organisation of culture*, Duckworth, London
HODDER I. (ed.) 1978b *Simulation studies in archaeology*, Cambridge University Press, Cambridge
HODDER I. 1979a 'Pre-Roman and Romano-British tribal economies' in Burnham B. and Johnson H. (eds) *Invasion and response*, British Archaeological Reports British Series 73
HODDER I. 1979b 'Pottery distributions: service and tribal areas' in Millett M. (ed.) *Pottery and the archaeologist*, Institute of Archaeology, London
HODDER I. 1981a 'Towards a mature archaeology' in Hodder I., Isaac G. and Hammond N. (eds) *Pattern of the past*, Cambridge University Press, Cambridge
HODDER I. 1981b 'Society, economy and culture: an ethnographic study amongst the Lozi, West Zambia' in Hodder I., Isaac G. and Hammond N. (eds) *Pattern of the past*, Cambridge University Press, Cambridge
HODDER I. 1982a *Excavation of an Iron Age and Romano-British settlement at Wendens Ambo, Essex*, Passmore Edwards Museum, London
HODDER I. 1982b 'Theoretical archaeology: a reactionary viewpoint' in Hodder I. (ed.) *Symbolic and structural archaeology*, Cambridge University Press, Cambridge
HODDER I. 1982c *Symbols in action*, Cambridge University Press, Cambridge
HODDER I. and HEDGES J.W. 1977 '"Weaving combs"; their typology and distribution with some introductory remarks on date and function' in Collis J. (ed.) *The Iron Age in Britain, a review*, Sheffield University, Sheffield
HODGE F.W. 1897 'The verification of a tradition', *American Anthropologist*, 10, 299–302
HOLE F. 1978 'Pastoral nomadism in western Iran' in Gould R. (ed.) *Explorations in ethnoarchaeology*, University of New Mexico Press, Albuquerque
HOLE F. 1979 'Rediscovering the past in the present: ethnoarchaeology in Luristan, Iran' in Kramer C. (ed.) *Ethnoarchaeology*, Columbia University Press, New York
HOLE F. 1980 'The prehistory of herding: some suggestions from ethnography' in Barrelet M.T. (ed.) *L'archéologie de l'Iraq*, C.N.R.S., Paris
HONIGSHEIM P. 1928 'Gesellschaftbeddingtheit der sogennanten primitiven Kunst', *Verhanlungen des Deutschen Soziologentages* 6
HUGHES I. 1977 'New Guinea Stone Age trade', *Terra Australis* 3

HUGH-JONES C.   1979   *From the milk river*, Cambridge University Press, Cambridge
HUMPHREY C.   1974   'Inside a Mongolian tent', *New Society* 31, 273–5
INGERSOLL D., YELLEN J.E. and MACDONALD W. (eds)   1977   *Experimental archaeology*, Columbia University Press, New York
INGOLD T.   1980   *Hunters, pastoralists and ranchers*, Cambridge University Press, Cambridge
ISAAC G.   1967   'Towards the interpretation of occupation debris: some experiments and observations', *Kroeber Anthropological Society Papers* 37, 31–57
ISBELL W.H.   1976   'Cosmological order expressed in prehistoric ceremonial centres', Paper given in Andean Symbolism Symposium, Part 1: space, time and mythology, International Congress of Americanists, Paris
JACKSON R.   1972   'A vicious circle? – the consequences of von Thünen in tropical Africa', *Area* 4, 258–61
JARRIGE C. and AUDOUZE F.   1980   'Etude de'une aire de cuisson de jarres au IIIe millenaire: comparaison avec des techniques contemporaines de la plaine de Kachi, Baluchistan' in Barrelet M.T. (ed.) *L'archéologie de l'Iraq*, C.N.R.S., Paris
JELINEK J.   1974   '"Ethnographical" contributions to the interpretation of the Laussel Palaeolithic relief', *Anthropologie* 12, 227–29
JOCHIM M.A.   1976   *Hunter-gatherer subsistence and settlement. A predictive model*, Academic Press, New York
JOHNSON D.   1969   *The nature of nomadism*, Department of Geography Research Paper 18, University of Chicago
KAVOLIS V.   1965   'The value-orientations theory of artistic style', *Anthropological Quarterly* 34, 1–19
KLEINDIENST M. and WATSON P.J.   1956   'Action archaeology: the archaeological inventory of a living community', *Anthropology Tomorrow* 5, 75–8
KLINDT-JENSEN O.   1976   'The influence of ethnography on early Scandinavian archaeology' in Megaw J.V.S. (ed.) *To illustrate the monuments*, Thames and Hudson, London
KORN S.M.   1978   'The formal analysis of visual systems as exemplified by a study of Abelam (Papua New Guinea) paintings' in Greenhalgh M. and Megaw V. (eds) *Art in Society*, Duckworth, London
KRAMER C. (ed.)   1979   *Ethnoarchaeology. Implications of ethnography for archaeology*, Columbia University Press, New York
KRAMER C.   1980   'Estimating prehistoric populations: an ethnoarchaeological approach' in Barrelet M.T. (ed.) *L'archéologie de l'Iraq*, C.N.R.S., Paris
KROEBER A.L.   1916   'Zuni potsherds', *Anthropological Papers of the American Museum of Natural History* 18, 1–37
KROEBER A.L.   1923   *Anthropology: culture patterns and processes*, Harrap, London

KUPER A. 1980 'Symbolic dimensions of the Southern Bantu homestead', *Africa* 50, 8–23

KUS S. 1982 'Matters material and ideal: the Merina of Madagascar' in Hodder I. (ed.) *Symbolic and structural archaeology*, Cambridge University Press, Cambridge

LANGE F.W. and RYDBERG C.R. 1972 'Abandonment and post-abandonment behaviour at a rural central American house-site', *American Antiquity* 37, 419–32

LEE R.B. 1972 'Population growth and the beginning of sedentary life among the !Kung Bushmen' in Spooner B. (ed.) *Population growth: anthropological implications*, MIT Press, Cambridge, Mass.

LEE R.B. and DE VORE I. (eds) 1968 *Man the hunter*, Aldine, Chicago

LEE B.B. and DE VORE I. (eds) 1976 *Kalahari hunters and gatherers*, Harvard University Press, Cambridge

LEWIS G. 1980 *Day of shining red*, Cambridge University Press, Cambridge

LHWYD E. 1713 Letters published in *Philosophical Transactions of the Royal Society* 1713, 93ff.

LONGACRE W.A. 1964 'Sociological implications of the ceramic analysis', *Fieldiana Anthropology* 55, 155–170

LONGACRE W.A. 1970 *Archaeology as anthropology*, Anthropological papers of the University of Arizona 17, Tucson, Arizona

LONGACRE W.A. and AYRES J.E. 1968 'Archaeological lessons from an Apache Wickiup' in Binford S. and L. (eds) *New perspectives in archaeology*, Aldine, Chicago

LUBBOCK Sir J. 1865 *Prehistoric times*

MCBRYDE I. 1978 'Wil-im-ee Moor-ring. Or where do axes come from?', *Mankind* 11, 354–82

MACINTOSH N.W.G. 1977 'Beswick Creek cave two decades later: a reappraisal' in Ucko P. (ed.) *Form in indigenous art*, Duckworth, London

MCINTOSH R.J. 1974 'Archaeology and mud wall decay in a West African village', *World Archaeology* 6, 154–171

MCNETT C.W. 1979 'The cross-cultural method in archaeology' in Schiffer M. (ed.) *Advances in archaeological theory and method 2*, Academic Press, New York

MALINOWSKI B. 1948 *Magic, science and religion, and other essays*, Doubleday Anchor, New York

MEGGARS B.J. (ed.) 1968 *Anthropological archaeology in the Americas*, Anthropological Society of Washington, Washington, D.C.

MEILLASSOUX C. 1973 On the mode of production of the hunting band' in Alexandre P. (ed.) *French perspectives in African studies*, Oxford University Press, London

MESSER E. 1979 'Cultivation and cognition: plants and archaeological research strategies' in Kramer C. (ed.) *Ethnoarchaeology*, Columbia University Press, New York

MILKE W. 1949 'The quantitative distribution of cultural similarities and their cartographic representation', *American Anthropologist* 51, 237-52

MILLER D. 1982 'Structures and strategies: an aspect of the relationship between social hierarchy and social exchange' in Hodder I. (ed.) *Symbolic and structural archaeology*, Cambridge University Press, Cambridge

MOORE H. 1982 'An ethnoarchaeological study of discard amongst the Marakwet of Kenya' in Hodder I. (ed.) *Symbolic and structural archaeology*, Cambridge University Press, Cambridge

MUELLER J.W. 1975 *Sampling in archaeology*, University of Arizona Press, Tucson

MUNSEN P.J. 1969 'Comments on Binford's "Smudge pits and hide smoking: the use of analogy in archaeological reasoning"', *American Antiquity* 34, 83-5

MURDOCK G.P. and PROVOST C. 1973 'Factors in the division of labour by sex. A cross-cultural analysis', *Ethnology* 12, 203-225

MURRAY P. 1980 'Discard location: the ethnographic data', *American Antiquity* 45, 490-502

NADEL S.F. 1947 *The Nuba*, Oxford University Press, Oxford

NAROLL R. and COHEN R. (eds) 1973 *A handbook of method in cultural anthropology*, Columbia University Press, New York

NEEDHAM R. 1962 'Genealogy and category in Wikmunkan society', *Ethnology* 1, 223-64

NELSON N.C. 1916 'Flint-working by Ishi', *Holmes Anniversary Volume*

NICKLIN K. 1971 'Stability and innovation in pottery manufacture', *World Archaeology* 3, 13-48

NILSSON S. 1863 *The primitive inhabitants of the Scandinavian North*, English edition, Lubbock (ed.)

OCHSENSCHLAGER E.L. 1974 'Modern potters at Al-Hiba with some reflections on the excavated early Dynastic pottery' in Donnan C.B. and Clewlow C.W. (eds) *Ethnoarchaeology*, University of California, Los Angeles, Institute of Archaeology, Monograph 4

OKELY J. 1975 'Gypsy women: models in conflict' in Ardener S. (ed.) *Perceiving women*, Malaby Press, London

OKELY J. 1979 'An anthropological contribution to the history and archaeology of an ethnic group' in Burnham B.C. and Kingsbury J. (eds) *Space, hierarchy and society*, British Archaeological Reports, International Series 59

ORME B. 1973 'Archaeology and ethnography' in Renfrew, C. (ed.) *The explanation of culture change*, Duckworth, London

ORME B. 1974 'Twentieth-century prehistorians and the idea of ethnographic parallels', *Man* 9, 199-212

ORME B. 1981 *Anthropology for archaeologists: an introduction*, Duckworth, London

OSWALT W.H. and VAN STONE J.W. 1967 *The ethnoarchaeology of a Crow Village*, Alaska, Bureau of American Ethnology Bulletin 199, Washington

OTTEN C.M. (ed.) 1971 *Anthropology and art*, Natural History Press, New York

PAGER H. 1976. 'Cave paintings suggest honey hunting activities in Ice Age times', *Bee World* 57, 9–14

PASTRON A.G. 1974 'Ethnoarchaeological observation on human burial decomposition in the Chihuahua Sierra' in Donnan C.B. and Clewlow C.W. (eds) *Ethnoarchaeology*, University of Claifornia, Los Angeles, Institute of Archaeology, Monograph 4

PEEBLES C. and KUS S. 1977 'Some archaeological correlates of ranked societies', *American Antiquity* 42, 421–8

PETERSON N. 1968 'The pestle and mortar: an ethnographic analogy for archaeology', *Mankind* 6, 567–70

PETERSON N. 1971 'Open sites and the ethnographic approach to the archaeology of hunters and gatherers' in Mulvaney D.J. and Golson J. (eds) *Aboriginal Man and Environment in Australia*, Australian National University Press, Canberra

PHILLIPS P. 1971 'Attribute analysis and social structure of Chassey-Cortaillod-Lagozza populations', *Man* 6, 341–52

PHILLIPS P. 1975 *Early farmers of West Mediterranean Europe*, Hutchinson, London

PIRES-FERREIRA J.W. and FLANNERY K.V. 1976 'Ethnographic models for formative exchange' in Flannery K.V. (ed.) *The early Mesoamerican village*, Academic Press, New York

PLOT R. 1686 *The natural history of Staffordshire*, Oxford, printed at the theatre

POLANYI K. 1957 'The economy as instituted process' in Polanyi K., Arensberg C.M. and Pearson H.W. (eds) *Trade and markets in the early empires*, Free Press, Glencoe

PRYOR F.L. 1977 *The origins of the economy*, Academic Press, New York

RAPOPORT A. 1969 'The Pueblo and the Hogan' in Oliver P. (ed.) *Shelter and society*, Barrie and Jenkins, London

RAPPAPORT R. 1967 *Pigs for the ancestors*, Yale University Press, New Haven

RATHJE W.L. 1978 'Archaeological anthropology . . . because sometimes it is better to give then to receive' in Gould R.A. (ed.) *Explorations in ethnoarchaeology*, University of New Mexico Press, Albuquerque

RATHJE W.L. 1979 'Modern material culture studies' in Schiffer M.B. (ed.) *Advances in archaeological method and theory Vol. 2.*, Academic Press, New York

RAY D.J. 1961 *Artists of the tundra and the sea*, University of Washington Press, Seattle

REDMAN C. 1977 'The "analytical individual" and prehistoric style variability' in Hill J. and Gunn J. (eds) *The Individual in Prehistory*, Academic Press, New York

RENFREW C. 1973a. 'Monuments, mobilisation and social organisation in neolithic Wessex' in Renfrew A.C. (ed.) *The explanation of culture change: models in prehistory*, London, Duckworth

RENFREW C.   1973b   *Before civilisation; the radiocarbon revolution and prehistoric Europe*, Cape, London
RENFREW C.   1977   'Alternative models for exchange and spatial distribution' in Earle T.K. and Erikson J. (eds) *Exchange systems in prehistory*, Academic Press, New York
RICE P.M.   1981   'Evolution of specialised pottery production: a trial model', *Current Anthropology* 22, 219–240
ROBBINS L.H.   1973   'Turkana material culture viewed from an archaeological perspective', *World Archaeology* 5, 209–214
ROBBINS M.   1966   'House types and settlement patterns: an application of ethnology to archaeological interpretation', *Minnesota Archaeologist* 28, 3–35
RODEN D.   1972   'Down-migration in the Moro hills of S. Kordofan, Sudan', *Sudan Notes and Records* 53, 79–99
ROUSE I.   1972.   *An introduction to prehistory*, McGraw-Hill, New York
ROWLANDS M.J.   1971   'The archaeological interpretation of prehistoric metal working', *World Archaeology* 3, 210–24
ROWLANDS M.J.   1976   *The organisation of middle Bronze Age metal working in southern Britain*, British Archaeological Report, 31, Oxford
ROWLANDS M.J.   1980   'Kinship, alliance and exchange in the European Bronze Age' in Barrett J. and Bradley R. (eds) *The British Later Bronze Age*, British Archaeological Reports British Series 80
MCLEOD M.D.   1978   'Aspects of Asante images' in Greenhalgh M. and Megaw V. (eds) *Art in society*, Duckworth, London
SAHLINS M.D.   1965   'On the sociology of primitive exchange' in Banton M. (ed.) *The relevance of models for social anthropology*, ASA monograph 1, Tavistock, London
SAHLINS M.D.   1968   *Tribesmen*, Prentice-Hall, Englewood Cliffs, N.J.
SAHLINS M.D.   1972   *Stone Age economics*, Aldime, Chicago
SAXE A.A.   1970.   *Social dimensions of mortuary practices*, PhD dissertation, University of Michigan
SCHIFFER M.B.   1976   *Behavioural archaeology*, Academic Press, New York
SCHIFFER M.B.   1978   'Methodological issues in ethnoarchaeology' in Gould R. (ed.) *Explorations in ethnoarchaeology*, University of New Mexico Press, Albuquerque
SCHIRE C.   1972   'Ethnoarchaeological model and subsistence behaviour in Arnhem land' in Clarke D.L. (ed.) *Models in archaeology*, Methuen, London
SCHMIDT P.R.   1980   'Steel production in prehistoric Africa: insights from ethnoarchaeology in West Lake, Tanzania' in Leakey R.E. and Ogot B.A. (eds) *Proceedings of the 8th Panafrican Congress of Prehistory and Quaternary Studies, Nairobi, September 1977*, International L. Leakey Memorial Institute for African Prehistory, Nairobi
SERVICE E.   1962   *Primitive social organisation*, Random House, New York
SHARP L.   1952   'Steel axes for stone-age Australians', *Human Organisation* 11, 17–22

SHERRATT A.G. 1976 'Resources, technology andtrade' in Sieveking G., Longworth I. and Wilson K. (eds) *Poblems in economic and social archaeology*, Duckworth, London
SHERRATT A.G. 1981 'Plough and pastoralism: aspects of the secondary products revolution' in Hodder, I., Isaac G. and Hammond N. (eds) *Pattern of the past*, Cambridge University Press, Cambridge
SMILEY F.E., SINOPOLI C.M., JACKSON H.E., WILLS W.H. and GREGG S.A. (eds) *The archaeological correlates of hunter-gatherer societies: studies from the ethnographic record*, Michigan Discussions in Anthropology 5
SPAULDING A.C. 1953 'Statistical tests for the discovery of artifact types', *American Antiquity* 18, 305–313
SPEED J. 1611 *The history of Great Britaine*
SPRIGGS M. and MILLER D. 1979 'Ambon-Lease: a study of contemporary pottery making and its archaeological relevance' in Millett M. (ed.) *Pottery and the archaeologist*, Institute of Archaeology Occasional Publication, 4
STANISLAWSKI M.B. 1974 'The relationships of ethnoarchaeology, traditional and systems archaeology' in Donnan C.B. and Clewlow C.W. (eds) *Ethnoarchaeology*, University of California, Los Angeles, Institute of Archaeology, Monograph 4
STANISLAWSKI M.B. 1978 'Hopi and Hopi-Tewa ceramic tradition networks' in Hodder, I. (ed.) *Spatial organisation of culture*, Duckworth, London
STEENSBERG A. 1980 *New Guinea gardens*, Academic Press, London
STEWARD J.H. 1942 'The direct historical approach to archaeology', *American Antiquity* 7, 337–43
STILES D. 1977 'Ethnoarchaeology: a discussion of methods and applications', *Man* 12, 86–99
STRATHERN M. 1969 'Stone axes and flake tools: evaluations from two New Guinea Highlands societies', *Proceedings of the Prehistoric Society* 35, 311–29
STRONG W.W. 1935 *An introduction to Nebraska archaeology*, Smithsonian Miscelleneous Collections, 93:10, Washington, D.C.
SUMNER W.M. 1979 'Estimating population by analogy: an example' in Kramer C. (ed.) *Ethnoarchaeology*, Columbia University Press, New York
TAINTER J.A. 1978 'Mortuary practices and the study of prehistoric social systems' in Schiffer M.B. (ed.) *Advances in archaeological method and theory, Vol. 1*, Academic Press, New York
TAYLOR W.W. 1948 *A study of archaeology*, Memoir series of the American Anthropological Association 69, Menasha
THOMAS C. 1894 *Report of the mound explorations of the Bureau of Ethnology*. Washington, D.C.
THOMPSON F. 1971 *Black gods and kings*, University of California, Los Angeles
THOMPSON R.H. 1958 *Modern Yucaten Maya pottery making*, Society for American Archaeology, Memoir 15

THOMSON D.F. 1939 'The seasonal factor in human culture', *Proceedings of the Prehistoric Society* 5, 209–221
TRETYAKOV P.N. 1934 'I Istorii doklassovogo obsh'chestva verkhnego Povolzhya' (On the history of pre-class society in the area of the Upper Volga), *Gosudarstavannaia Akademiia Istorii Material'noi kul'tury (Moscow)*, 106, 97–180
TRINGHAM R. 1978 'Experimentation, ethnoarchaeology and the leapfrogs in archaeological methodology' in Gould R. (ed.) *Explorations in ethnoarchaeology*, University of New Mexico Press, Albuquerque
TURNER T.S. 1969 'Tchikrin: a central Brazilian tribe and its symbolic language of bodily adornment', *Natural History* 78, 50–70
TURNER V.M. 1969 *The ritual process*, Routledge and Kegan Paul, London
TYLOR E. 1865 *Researches into the early history of mankind*
UCKO P.J. 1968 *Anthropomorphic figurines*, Andrew Szmidla, London
UCKO P.J. 1969 'Ethnography and archaeological interpretation of funerary remains', *World Archaeology* 1, 262–77
UCKO P.J. (ed.) 1977 *Form in indigenous art*, Duckworth, London
UCKO P.J. and ROSENFELD A. 1967 *Palaeolithic cave art*, Weidenfeld and Nicolson, London
UMEOV A.I. 1970 'The basic forms and rules of inference by analogy' in Tavenec P.V. (ed.) *Problems in the logic of scientific knowledge*, Dordecht, Holland, D. Reidel Publishing Company
VASTOKAS J.M. 1978 'Cognitive aspects of North Coast art' in Greenhalgh M. and Megaw V. (eds) *Art in society*, Duckworth, London
VINNICOMBE P. 1976 *People of the eland*, University of Natal Press, Pietermaritzburg
VITA-FINZI C. and HIGGS E.S. 1970 'Prehistoric economy in the Mount Carmel area of Palestine: site catchment analysis', *Proceedings of the Prehistoric Society* 36, 1–37
WASHBURN D. 1977 *A symmetry analysis of Upper Gila Area ceramic design*, Papers of the Peabody Museum of Archaeology and Ethnology 68, Cambridge
WASHBURN D. 1978 'A symmetry classification of Pueblo ceramic designs' in Grebinger, P. (ed.) *Discovering past behaviour, experiments in the archaeology of the American southwest*, Gordon and Breach, New York
WHALLON R. 1965 *The Owasco period: a reanalysis*, PhD dissertation, University of Chicago
WHITE J.P. and MODJESKA N. 1978 'Acquirers, users, finders, losers: the use of axe blades among the Duna', *Mankind* 11, 276–87
WHITE J.P. and PETERSON N. 1969 'Ethnographic interpretations of the prehistory of West Arnhem land', *South Western Journal of Anthropology* 25, 45–67
WHITE J.P. and THOMAS D.H. 1972 'What mean these stones? Ethno-taxonomic models and archaeological interpretations in the New Guinea

Highlands' in Clarke D.L. (ed.) *Models in archaeology*, Methuen, London
WHITING J. and AYRES B.   1968   'Inferences from the shape of dwellings. in Chang K.C. (ed.) *Settlement archaeology*, National Press, Palo Alto
WEISSNER P.   1974   'A functional estimator of population from floor area', *American Antiquity*, 39, 343–9
WILK R. and SCHIFFER M. B.   1979   'The archaeology of vacant lots in Tucson, Arizona', *American Antiquity* 44, 530–36
WILLEY G.R. and SABLOFF J.A.   1974   *A history of American archaeology*, Thames and Hudson, London
WILLIAMS B.J.   1974   'A model of band society', *American Antiquity* 39, Memoir 29
WILLIS D.   1977   *Learning to labour: how working class kids get working class jobs*, Gower Press, London
WILLS W.H.   1980   'Ethnographic observation and archaeological interpretation: the Wikmunkan of Cape York Peninsula, Australia' in Smiley F.E. et al (eds) *The archaeological correlates of hunter-gatherer societies: studies from the ethnographic record*, Michigan Discussions in Anthropology, 5
WILMSEN E.N.   1979   *Prehistoric and historic antecedants of a contemporary Ngamiland community*, Boston University African Studies Centre Working Paper 12
WILMSEN E.N.   1980   *Exchange, interaction and settlement in North Western Botswana: past and present perspective*, Boston University African Studies Centre Working Paper 39
WOBST M.H.   1977   'Stylistic behaviour and information exchange' in Cleland C. (ed.) *Papers for the director: research essays in honor of James B Griffin*, Anthropology Papers of the University of Michigan, 61, Ann Arbor
WOBST M.H.   1978   'The archaeo-ethnology of hunter-gatherers or the tyranny of the ethnographic record in archaeology', *American Antiquity* 43, 303–9
WOLFE A.W.   1969   'Social structural bases of art', *Current Anthropology* 10, 3–44
WOODBURN J.   1980   'Hunters and gatherers today and reconstruction of the past' in Gellner E. (ed.) *Soviet and western anthropology*, Duckworth, London
WRIGHT H.T. and ZEDER M.A.   1977   'The simulation of a linear exchange system under equilibrium conditions' in Earle T.K. and Erikson J.E. (eds) *Exchange systems in prehistory*, Academic Press, New York
WYLIE M.A.   1980   'Analogical inference in archaeology', Paper presented at the Society for American Archaeology conference, Philadelphia
YELLEN J.E.   1977   *Archaeological approaches to the present. Models for reconstructing the past*, Academic Press, New York
YORK P.   1980   *Style wars*, Sidgwick and Jackson, London